真宗文庫

31の味わい　お寺の掲示板

出版

本書の味わいかた

本書は、仏さまの教えを一言で表した法語と、その〈味わい〉を僧侶が短くやさしい文章で語った法話を31篇集めた一冊です。

本書に掲載されている法語は、主に浄土真宗の宗祖・親鸞聖人をはじめとする仏法に生きた方がたの言葉がもとになっています。これらの言葉は、古くから〈お寺の掲示板〉に掲げられ、道行く人の目と、心にふれてきました。

まずはひとつ、掲示板を眺めるように、本書の法語にふれてみてください。次に、法話をとおして、その法語を自分に引き当て、じっくりと味わってみましょう。そしてぜひ、その法語をご家族や友人に伝え、語り合ってみませんか？　そこにまた、新たな味わいがあるはずです。最後に、本書を何度でも、繰り返し読んでみてください。嬉しい時、悲しい時…、どんな時でも私たちに寄り添い語りかける、深くやさしい仏教の世界が、そこに必ず広がっています。

日々の喧騒の中、ふとお寺の掲示板の前に足を止め、隣の人と語らうように、本書をとおして、現代を生きる私たちにまで届けられている仏さまの教えに親しんでいただけることを願っています。

東本願寺出版

もくじ

〈味わい〉執筆

〈凡例〉

・本文中の「真宗聖典」とは、東本願寺出版発行の『真宗聖典』を指します。
・本書に掲載の法語、および〈味わい〉(法話)は、真宗教団連合発行の『法語カレンダー』の随想集『今日のことば』(東本願寺出版発行)より転載したものであり、転載元となる『今日のことば』の発行年を各篇末尾に記しています。
・法語は、基本的に『法語カレンダー』および『今日のことば』掲載当時の表記に準じており、引用元となる書籍の表記とは一致しない場合があります。
・各篇の〈味わい〉は、『今日のことば』掲載の随想をもとに、読みやすさを考慮し、東本願寺出版の責任において一部表現の修正、語注の追加を行った箇所があります。

1

仏法の鏡の前に立たないと
自分が自分になれない

二階堂行邦

『南無阿弥陀仏の葬儀』より

「鏡」と聞くと、昔よく読んだギリシャ神話の怪物、メドゥーサを思い出します。もともとは美しい乙女でしたが、ある出来事によって、戦いの女神アテナの怒りをかい、恐ろしい姿に変えられてしまいます。それは、髪の部分が何十匹もの蛇(へび)となり、常に彼女の頭部でシュルシュルと舌を出しながらうごめいている怪物の姿です。そして彼女が恐れられたのは、その姿だけではありません。彼女の目を見たものは、恐怖で体が硬直し、石になってしまうのです。そんな怪物メドゥーサを退治したのは、ペルセウスです。彼は青銅の盾を鏡のように磨き上げ、彼女にその盾をかざしたのです。鏡の盾に映る自分の恐ろしい姿を見たメドゥーサは「ぎゃー!」という断末魔の叫びをあげ、彼女自身も石になってしまったというお話です。ギリシャ神話は登場人物(人物といっても、神や怪物になるわけですが）が限定されていて、どんな物語にも、知っている人物が登場します。お経でも同じ菩薩さまやお弟子さんたちが登場しますが、これらは私にとって物語を楽しむひとつのポイントであったりします。

さて、この法語「仏法の鏡の前に立たないと　自分が自分になれない」ですが、「仏法の鏡」とはどういうものでしょうか。鏡は光の反射によって、自分の姿を映すものです。仏法の鏡ですから、それは仏さまの光によって私の内面が隅々まで照らし出されるということです。ただ、それを覗き込んでしまったら、私もまたメドゥーサのように自分の恐ろしい姿に「ぎゃー！」と叫んでしまうことになるでしょう。だから、鏡の前に立つことすら怖気づいている自分がいます。

温暖化を止めなくては、と思いながら車に乗る私。命をいただいている、といいながら食べ物を廃棄する私。難民の人たちを受け入れなくては、と考えても自宅の余った部屋を提供できない私。施設の母親が寂しいだろう、と思いながら面会に行かない私。生き方には様々な選択肢がある、といいながら自分の子どもにはそれを許さない私。隠しているつもりの恨みや妬みの心も仏法の鏡にはくっきりと映し出されるでしょう。とにかく私は自己中心で成り立っているはずです。そんな自分をありありと見つめるのは怖いのです。

親鸞聖人がほんとうにすごいお方だと思った和讃を紹介したいと思います。最晩年に近い、88歳に書かれた「愚禿悲歎述懐和讃」の一首です。

悪性さらにやめがたし　こころは蛇蝎のごとくなり
修善も雑毒なるゆえに　虚仮の行とぞなづけたる

（真宗聖典508頁）

「わたしは悪い本性を断ち切ることが未だできません。その心は蛇やさそりのように恐ろしいのです。良い行いをしているようでも、そこには必ず自分の見栄やおごりが含まれているので、それはにせものの行いというしかないでしょう」と詠われています。

赤裸々に吐露された宗祖のこの告白は、仏法の鏡の前に生涯立ち続けたお姿を想像させます。阿弥陀様はそんな衆生をこそ救ってくださるのに、鏡の前で目を開けることができない私は、まだまだ本当の自分に出遇えていないということになるのでしょう。だからこそ仏法の鏡の前に立てと、阿弥陀様はすすめてくださるのです。

（上本　賀代子）

２０２２年発行『今日のことば』第66集より

2

如来の本願は
風のように身に添い
地下水の如くに流れ続ける

平野　修

『生きるということ』より

多くの植物が種から芽を出す四月。色彩豊かに芳醇な香りを放ちながら、一瞬の華を咲かせ実を結びます。そして、枯れることによって次の新たな芽を息吹かせるのです。

人間の一生も然り。不思議なはたらきのもと、人間は独り生まれ、人として共に生き、独り人となって死んでいくことにより、次世代へと生命をつないでいきます。何度も繰り返されるライフサイクルの中で、本来、あるがままの自然の流れに身を任せればいいはずの私が、自らの思いのままに生きようとする。だから苦しいのでしょう。

自らの思いのままに生きられない。それをどこかでわかってはいるものの、己の欲望に流され、すでにある尊い出遇いを無意識のうちに拒んでしまいます。今ここにしかいない自分が、もっと楽しいことを期待して、いつかどこかを追い求めていないでしょうか。目の前のあなたと一緒に居ながら、どこかで他の誰かを待ち侘(わ)びていないでしょうか。自分という存在をそのまま受け入れられない負のサイクルの中で、「絶対にあなたを捨てない！」という呼びかけに気づかず、その声に応(こた)える術(すべ)すら信じることができない。それはまさしく、真実に背を向け、いつも眠ったままの状態と何ら変わりはないのでしょう。

そもそも如来の本願とはどういうことでしょうか。簡単にいって、わたし一人(いちにん)に対する「眠りから目覚めよ！　真実に目覚めよ！」という絶対他力(たりき)からの呼び声であり、「あるがままをありのままに生きよ！」という本来の願いだと思います。たとえ努力することが尊くても、淡(あわ)い理想を抱(いだ)いて自分の思いのままに進もうとすればするほど、自我の殻(から)から抜け切れず、どこまでも狭い枠に縛られ自由になることはできません。逆にあるがままの自然の流れに身を任せることは、自我の殻を破っていくことであり、この時代社会の中にある自分にしかない一生を新たな出遇いとともに自由に生きていくことだと思います。

北陸の日本海から吹きつける春一番は強く、霊峰白山（れいほうはくさん）から吹き降ろす夏の薫風（くんぷう）は心地よい。秋の初嵐（はつあらし）は荒れて、冬の木枯らしは冷たくて痛い。大地に根付く稲穂をはじめ、数えきれない生物（いきもの）の成長において、さまざまな影響を及ぼす四季折々の季節風は、日々の暮らしの中で、「眠りから目覚めよ！」という呼び声となって、時にはやさしく、時にはきびしくわが身に吹きつけてきます。

白山の伏流水から加賀扇状地の地中を流れる地下水は、やがて手取川（てどりがわ）

や日本海を満たします。その水が発して蒸気となり、雲となり、雨や雪、時には玲瓏（れいろう）たる氷となって、再び土に浸透して地下水になる。形は変わっても水という本性を失うことなく、永遠の時間のリズムの中で地下水は今日も流れ続けている。その地下水は、現に血となり肉となって私の体内を流れているのです。

　たった一度限りの虚（むな）しい人生ではありません。不安の中で迷いながらも必ず戻れる処（ところ）があるという如来の誓い（約束）が、地下水の震動とともに、念仏の声となって響いてきます。それ故、もう二度と苦しまなくてもいい、一度限りの人生を最後の瞬間まで燃やし尽くせば、私の一生は次世代の新たな生命へとつないでいく一助となって終わっていけるのです。

この法語は、平野修（ひらのおさむ）師（一九四三～一九九五）ご自身の病状が悪化し、痛みを押しながら青年たちに向けた言葉だと聞いています。浄土に帰還してはや二十六年、師の言葉自体がいまもなお、如来の本願となって、温（ぬく）もりをもった風のようにわが身に添（そ）い、地下水の如（ごと）くに私の体内で震動し響いてくるようです。

（大窪　康充）

2021年発行『今日のことば』第65集より

3

己(おの)れに願いはなくとも
願いをかけられた身だ

藤元(ふじもと) 正樹(まさき)

『願心を師となす』より

「己（おの）れに願いはなくとも願いをかけられた身だ」。ここに言われる願いとは「願生心（がんしょうしん）」であります。願生心とは文字通り、生まれようと願う心であり、生きようと願う心であります。

そのような願いは、私たちには無いのだと言われているのです。私たちは、ものごころがついて以来、様々な願いをもって生きてきました。それを、夢として、希望としてもつことは、ある意味で私たちの生きる支えともなってきました。そういった願いは、「願生心」と呼ぶことはできないのでしょうか。

夢や希望となった願いはいつか時がきて、叶えられるか叶えられないかという結果が出ます。その時、叶えられなければ、失意落胆し、生きる希望を失います。叶えられれば、その時は喜びにあふれ、いのち輝く思いに浸りますが、それもまもなく思い出となり、その思い出とともに願いは過去の中に消えていきます。新たな目標が見つけられなければ、かえって絶望が深くなっていく恐れさえあります。

まさに希望をもつから絶望することになってしまうのです。

この絶望は私たちが願と欲を混乱することから生まれてきます。

欲は今を生きようとする力を与えます。

願は未来を生きようとする力を与えます。

欲は、私が私であり続けるためにすべてを、今ここに集めようとする用きです。未来さえも現在の中に取り込もうとする力です。願いが形となった夢や希望さえも現実的な目標にするのはこの欲の用きです。

願は、私から未来の私を開かせていく用きです。今ここにいる私を種として、未来に花開かせようとする力です。どこまでもどこまでも私を種として守り続ける用きです。

今を生きることに追い立てられていくと、願は欲に覆われてしまいます。そして願の表す未来を見失って花開く時を失ってしまうのです。私たちの、様々な願いも、未来を失い、単なる夢や希望になった時、願いは消えてしまうのです。

「己れに願いはなくとも」とは願いが欲に覆われて未来を失った私たちを表しているのです。しかしそこから「願いをかけられた身だ」と言われます。〝心によって見失った身を再発見せよ〟と言われているのです。

身は私に先立って存在しているこの身であります。この世界を、

「今、ここ」として受け止めている、いのちの形です。そして、この身と世界の応答として願いは用き続けているのです。この願いを自覚する時、私たちはかけがえのない自身に本当に出会うことができるのです。
「己れに願いはなくとも願いをかけられた身だ」という藤元正樹(ふじもとまさき)先生（一九二九〜二〇〇〇）の言葉は、「人間は決して孤独ではない。世界の声と共に生きているのだ」と、私たちに生きる勇気を与えてくれているのだと思います。

（梶原　敬一）

2020年発行『今日のことば』第64集より

4

生活の中で念仏するのでなく
念仏の上に生活がいとなまれる

和田　稠（わだ　しげし）

『信の回復』より

私が三十代に入った頃、和田稠先生（一九一六〜二〇〇六）のお話をよく聴かせていただいていました。個人的な悩みを自分ではどうすることもできず、先生が九州に来られると聞くと、会場に足を運んでいました。

そんなある日、先生の法話が終わった後、控室にうかがった時のことです。いつもはこちらからお尋ねをすることが多かったのですが、その時は先生から「君は苦しみ悩みがあって、それをなくしたいと思ってここへ来とるんだろう」と問われました。そのとおりだったのですが、あまりにも唐突だったこともあり、私は何も言えずにいました。さらに先生は「あのなあ、苦悩する者を人間というんや」と言われ、私は（だから、その苦悩を取り除くことを求めて、ここに聞きに来てるんだ）と思いながらも、先生の言われようとされていることが飲み込めず困惑し、ずっと沈黙していました。そんな私を見て、先生はダメを押すようにこう言われたのです。「じゃあ、もういっぺん聞くが、君は隣で泣いとる人がおっても、苦しんでいる人がおっても、自分だけは悩みもせず苦しみもせず、そんなロボットみたいな人間になりたいんか」と。

驚きのあまり、私は言葉が出ませんでした。自分が意識して求めていたことが、この身が本当に求めていることとは全く違っていたんだ、という驚き。何かが自分の中でひっくり返ったような、もっと言えば自分そのものがひっくり返されたような不思議な感覚でした。

私たちは、日頃、聴聞をする時に、「ためになるお話を聞きたい」「今日の話は参考になった」というように、仏法を利用するような聞き方をしていることがあります。さらに、念仏することで、迷いをなくしていこう、悩みを解決しようという思いで聞いているのではないでしょうか。

聴聞の原点は、個人的な悩みや苦しみから始まります。むしろ、苦悩を抜きにした聞法は、精神修養や教養としての学びになりやすく、それは理解が増えた分だけ、他人を見下したり、自分の名利を満たすものになったりします。そうなると、学ばない方がまだましだということにもなりかねません。

しかし私たちは、個人的な苦悩をなくすことだけでは終えていけない身を抱えています。安田理深先生（一九〇〇～一九八二）が「私たちはもっともっと悩まねばなりません。人類のさまざまな問題が私たちに圧しかかってきているのです。安っぽい喜びと安心にひたるような信仰に逃避していることはできない。むしろそういう安っぽい信仰を打ち破っていくのが浄土真宗です」とおっしゃったと聞いています。
「生活の中で念仏する」ということは、念仏を手段にして、苦悩をなくそう、たすかろうとしている私たちのすがたとも言えるのではないでしょうか。しかし、それは本当の意味で私たちのすくいにはならない。むしろ、そういう個人的な思いを打ち破っていくような形で、私たちを歩ませるような如来の呼び声〈念仏〉が届く。その念仏のはたらきに出(で)遇(あ)い、歩んでいるすがたを「念仏の上に生活がいとなまれる」と表現されているように思います。

（保々　眞量）

２０１４年発行『今日のことば』第58集より

5

永遠の拠り所（よりどころ）を
与えてくださるのが
南無阿弥陀仏の生活である

坂東（ばんどう） 性純（しょうじゅん）

『心のとるかたち』（坂東報恩寺）より

坂東性純先生（一九三二〜二〇〇四）のおことばは、私に「あなたの拠り所は何ですか」と問いかけてきます。言い方を変えれば、「あなたは何をたよりに生きていますか」という意味になります。その問いに答えようと、いろいろと思いつくものを挙げてみました。健康、家族、仕事、お金、宗教家としてのやりがい。しかし、坂東先生のおことばには「永遠の」ということばがついています。私の思いついたものは、「永遠の」ということにはなり得ません。そんなとき、以前読んだ井上洋治神父（一九二七〜二〇一四）のことば（『人はなぜ生きるか』〈講談社〉）を思い出しました。

井上神父は、「ある出版社から、人生で一番大切だと思うことを四〇〇字詰の原稿用紙二枚で書いてもらえないか、という依頼を受けた」そうです。まあ、そんな短い文章で大切な問題を書いてくれという注文も失礼な話かもしれません。しかし引き受けた以上答えなければなりません。

「健康、金銭、友情、家庭の平和、人々からの信頼などと、とりとめもなく次々に頭にうかんでくるのですが、一番となるとどうも今一つこれだというものが、適確な形でうかびあがってこないのです」と述べられています。そんなとき、ある女性から相談の手紙が届きます。「多分若いお嬢さんだと思いますが、交通事故を起こしてしまって、顔に大やけどをしてしまった、それ以来苦しみの連続で、これでは結婚もできないと思うと辛くて仕方がない、もう死にたいような思いであるというような手紙でございました。私のような仕事は、人生の裏ばかりを見せつけられることが多いので、その事自体はそんなに特別なことではないのですが、ちょうど人生で一番大切なことは何か、と考えていたところだったので、ハッとひらめくものがあったのだと思います。

健康も金銭も家庭の平和もみんな大切なものであるにはちがいありません。（中略）いざそういうものを失ってしまったときに、価値のある大切なものを失って色あせてしまったときに、その色あせ挫折してしまった自分を受け入れることができる心というもの、それが考えてみれば人生で一番大切なことではないかと思ったのです」と述べておられます。

「永遠の拠り所」とは、井上神父の言う「挫折してしまった自分を受け入れることができる心」のことではないでしょうか。しかし考えてみると、それはことばで言うほど簡単なことではないでしょう。私にはとても困難なことのように感じられます。

ただ阿弥陀如来（あみだにょらい）だけは、絶望し、死んでしまいたいという思いをまるごと私にぶつけなさいと叫んでいるように感じます。さらにお前を救えなかったのは私に力がなかったからだよ、許しておくれと阿弥陀如来は徹底的に謝罪されています。この慈悲（じひ）の謝罪がこころの底にまで届いたとき、はじめて「自分を受け入れる」という奇跡が起こるのでしょう。自分のこころでは絶望的な自分を受け入れることは決してできません。阿弥陀如来がおこす慈悲の謝罪以外に、奇跡を起こすことは不可能だと思われます。

（武田　定光）

2013年発行『今日のことば』第57集より

6

世間に抱（いだ）く関心は
必ず自己中心の
善悪による関心である

信國（のぶくに）　淳（あつし）

『いのちは誰のものか』（柏樹社）より

五月、まぶしい新緑の光に出会うと、きまって甦ってくる歌があります。それは池山栄吉先生（一八七三〜一九三八）の

夏されば櫟若葉のなよやかさ　久遠女性のひらめきをみる

というお歌です。

自然界は、冬来れば、木々は葉を落として寒さに耐える用意をし、春来れば、いそいそと芽を吹いて小さな花を咲かせます。やがて夏来れば、さわやかな風に若緑の葉をなびかせながらいのちの讃歌を歌っているようです。こんな美しい世界にいのちを受け、身はその深い慈愛に満ちた世界に抱かれ育まれてありながら、なぜか人は、いつまでもその温

かな懐に安んじてはおられぬ心の芽生えを背負ってゆかねばなりません。

幼な児がしだいしだいに智恵つきて　仏に遠くなるぞ悲しき

と一休禅師（一三九四〜一四八一）は詠まれたそうですが、それはひとえに「我」という意識、自他を分別する意識の芽生えによるのでないだろうか。自分と他人、自分と世界というものは、互いに相依り相支え合って不二的に結び合わされているにもかかわらず、いつの間にか対立し、抗争し合わねばならぬものに変貌してしまう。何という悲しいことだろう。無心に憑んでいた世界が、私の思いのままにならぬものとして立ちはだかってくることになるとは。しかし悲しむべきは、自我意識の深い深い自己中心性、自己愛着性であり、それを支えている「無明」というものなのだろう。この心は、他を、世間を向こうに回して敵対させるばかりでなく、自己自身さえも思い通りに従わせようとし、思い通りにならなければ嫌悪し、侮蔑し、抹殺しようとさえする心なのだ。そんな自我意識に苦しめられて、生きる自由を喪っていた頃に、私は信國淳先生（一九〇四～一九八〇）との出遇いを恵まれたのでした。

先生の前に言葉もなく項垂れている私に、師はしずかに問いかけてくださった。

「どうしましたか？」

「先生、私生きたいんです！」

「そのたいが生きさせない！　あなたは自分が病人であることが解りますか？　その病人であるあなたを俎板にのせて、こんな者は生きる資格がないと責めたてているのがまたあなただ。あなたは冷たい人だなあ。人生の意義だとか価値だとか、こうなければならん、ああなければならんと自分に要求ばかりしている。それは高嶺に造花を咲かせるありかたですよ。それはどんなに美しくても、造花ですよ。自然の花は、しっかりと大地に根を下ろしてこそ花開いている。そんな自然な生き方が、お念仏申すところから開かれてきますよ」

　そして先生ご自身がお念仏に出遇われた頃に詠んだお歌を示してくださいました。

南無仏のみ名なかりせば現そ身の　ただ生き生くることあるべしや

この時を起点として、私の上に念仏聞法の生活が始まりました。相変わらぬ自力我慢の私には、卑湿の淤泥の暮らしが続いています。そこに注がれている如来大悲の光を聞きつつ、風吹けば倒れ、風止めば起ちて日を仰ぐ生活を賜わっています。

（藤谷　純子）

２００２年発行『今日のことば』第46集より

7

すべての自力(じりき)は
他力(たりき)にささえられてあった

鈴木(すずき) 章子(あやこ)

『還るところはみなひとつ』より

少し前のことになりますが、テレビの対談での席で言われた言葉が強烈に響き、今でもしっかりと残っています。その対談での最後の質問は、「今、あなたの一番の喜びは何ですか」ということでした。その問いに対して、その方は「朝、目が覚めることです」と間髪を入れずに答えられたのでした。言われるであろうと予測していた答えとは全く異なるものでした。朝、目が覚めることなど当たり前のことになっていますす。それと同じく、心臓が動いていることも、呼吸していることも、まるで自分の力で動かしているように思い、与えられたいのちを生かされていることなど、すっかり忘れて日々を生活している有様です。

世の中が、まるで自分中心にまわっているかのように過ごしていた若い頃、大きな夢を抱き、その夢は現実にかなえられるものと信じていました。自分の考えは間違っていないと確信をもち、自分さえがんばれば その成果があるものと自分の力を信じ、それに満足していたのでした。結婚してもそれは変わらず、その日々の生活が意のままになることも、ただ自分の力と思い、そのことに何の疑いも感ずることなく過ごしていたのでした。

ところが、結婚して十一年目、夫は一ヵ月の入院ののち亡くなったのです。全く予期せぬことがおこりました。この世に生を受けた限り、必ず死を迎えることと理解をしていても、突然に相手側から断ち切られたような別れにやり場のない悲しみを受け入れることはできませんでした。今まで自分の思いどおりに進んできたことが音をたてて崩れ、自分の都合や計(はか)らいが全く通用しないことを、これでもか、これでもか、と知らされたのでした。

もんもんとした日々が続きました。まわりの人たちからは「大変だけどがんばってね」「子どもさんのためにがんばってね」と、がんばれ、がんばれの励まし(はげ)を受けました。私のために言ってくださっていることとわかるのですが、それを聞く私は、「これだけがんばっているのに、何をどうがんばればいいの、がんばろうと思ってもどうしようもできないのに」と、思うばかりでした。そして思いどおりにならないこととはわかっていても、がんばって何とかしようと必死になり苦しみ、思いどおりに進まないと、いら立ちを相手に向ける始末でした。

そんな頃のことでした。聞法会(もんぼうかい)の席で講師がお話の中で「がんばらんこっちゃ、決めんこっちゃ」と言われたのでした。今までがんばれと言われ、がんばるんだと思っていたことと全く反対のことでした。このお話を聞かせていただき、がんばっているんだという自己満足にひたってきた自分が見え、がんばらんでもいいのだと思うと、肩の力が抜けて、とても楽になったのでした。自力(じりき)でがんばってきたと思い込んでいた今日までの日々は、まわりの大きな愛に包まれ、支えられてこその自分の力であったということを知らされたのでした。

　おかげさまで今朝もさわやかに目が覚めました。心臓もしっかり動いてくれています。空気もおいしいです。照りつける太陽のもとで、しっかり草木も育っています。計りしれぬ自然の恵み、目に見えぬ大きな力の支えが、自分に向けられ、こうして賜(たまわ)ったいのちを生かされ、生きていることに喜び、感謝しています。

（梅原　慶子）

2001年発行『今日のことば』第45集より

8

人間を本当に自覚させるのが仏教であります

蓬茨（ほうし） 祖運（そうん）

『『教行信証』の基礎講座』より

かつて、仏教系の保育園の保母さんたち（今は保育士と言いますが）の研修会に講師として出席された蓬茨祖運先生（一九〇八〜一九八八）に、一人の保母さんがこんな質問をしました。

「この間、私の勤めている保育園で、可愛がっていた一匹のうさぎが死にました。夕方、子どもたちが輪になって取り囲んでいる中で、庭の片隅に穴を掘ってその遺体を埋めてやりました。そして、〈うさぎさんはこれから天国に行って暮らすんですよ。さあ、皆でうさぎさんが幸せになるように祈って、合掌しましょう〉と言って、皆で合掌しました。翌朝、私が園に行くと、一人の子どもが私のところへ泣きながらやってきて、〈先生は昨日、うさぎさんは天国へ行くって言ったのに、今朝掘り返して見たら、土の中で泥まみれになって死んだままでいるやないか！　先生のうそつき！〉って、私の体をぽんぽん叩くのです。私は困ってしまいました。先生、こんな時はどう言ったらいいのでしょうか」

質問を受けた蓬茨先生は、しばらく黙った後、「私が答えを出す前に、ここにお集まりの皆さんはどうお答えになるか、少し意見をお聞きしましょう」と言われ、数人に意見を聞かれました。「天国というのは西洋の考えだ。仏教保育をしているんだから、極楽とか浄土とか言うのが本当で、それがどのようなところかについて、日頃から子どもたちに教育しておく必要があった」「肉体はそこにあるけれど、魂は天国に行ったんだということを、分かりやすく説明すればよい」など、いろいろな答えが出されました。

しばらくして、先生はこう言われました。「いろいろな答えを提案されましたが、みんな間違っています。そういう時は、〈うそを言ってごめんなさい〉って、その子に正直に謝ればいいんです」と。

　あまりにも虚を衝いた答えだったので、皆、ぽかんとしてしまいました。その後、先生がどんな説明をされたか詳しくは忘れました。しかし、「うそを言ってごめんなさい」という明快なことばだけは、今でも鮮明に心に焼きついています。愛するものの死に際して、「どうかあの世で幸せに暮らしてください」と願うことは、人間の情としては間違いであるとは言えないでしょう。しかし、そう願う心の中には、近しかったものの死ですら早く彼方へ葬り去って、あとくされのないように（死と関わりのないように）してしまおうとする人間の自己中心的な心が蠢いています。もの悲しげな葬儀が終わって出棺したとたん、塩をまいて死を追い払おうとするあの身勝手な行為の中に、人間の欺瞞が隠されていることを、ほとんどの人は気づいていないようです。

「うそを言ってごめんなさい」とは、その自己中心的な欺瞞性に気づいた者の慚愧の心から出たことばに違いありません。親鸞聖人が顕らかにされた仏教は、人間のいい加減で不真実な心を照らす仏の智慧の光に出遇って、「まことなるこころなきみなり」（『唯信鈔文意』真宗聖典558頁）と深く自覚させられていく教えであり、それを浄土真宗と定められたのであります。

（蓑輪　秀邦）

2001年発行『今日のことば』第45集より

9

人間が人間らしく生きる
それが信心ということです

松本梶丸（まつもとかじまる）

『わが心のよくて殺さぬにはあらず』（柏樹社）より

昨今の青少年の事件報道を見るたびに感じ、学校で生徒と話す時に必ず考えてしまうことがある。というのは、自分を飾り、自分に素直になれないことを訴えてくる生徒が以前にもまして、増えてきているということである。こちらが見ていて辛くなるほど、彼女たちは自分が周りからいつ仲間はずれにされるかもしれないという不安におびえ、周りに痛いほど気を遣い、自分を押さえて人とつきあっているのである。そして、気づかぬうちに心の中にストレスをためていくのである。

彼女たちは、周りとの比較の中で劣等感に陥ったり優越感に浸ったりして、真の自分らしさというものを見失っているように思う。若者特有の優しさや、感じやすい心を失っているような気がする。

何がここまで彼女たちを追い込んでしまったのか。

反面、周りの大人たちはどうだろう。やはり大人たちも子どもたちと同じようにどこかで周りの眼をうかがい、自分というものを押さえて生きているのではないだろうか。

そのような有様で、果たして私たちは本当に生きていると言えるのだろうか。私にはそのことで思い起こされてくる言葉がある。

サカナは、海中にいても店頭におかれてもサカナである。人間は死ねば「故人」あるいは「遺体」である。生きているから人間である。しんじつ生きていないなら、しんじつ人間ではあり得ない。

（むのたけじ『詞集たいまつI』〈評論社〉）

「真実生きる」ということの厳しい問いかけである。この言葉に出会ったとき、私は、ただ生きているのは人間ではない、真実生きていなければ人間の顔をしても生きていることにはならない、ということを知らされた。

では、「真実生きる」ということはどういうことなのか。それは自分が自分らしく生きていける、素直になれる場に立つことであろう。人は誰も、そういう場を求めているはずである。それが存在の故郷、浄土なのである。

浄土とは、人と比較して人を恨んだり、人を羨んだり、自分を蔑む必要のない場。それこそ自分を見捨てず、自分をおとしめず、自分が自分となって生きられる場である。

自分が自分として生きていくということは、同時に他を受け入れるということになるはずだ。すべての人が国を超え、民族を超えて本当に触れ合い、響き合える世界を求めてやまない——。それがいのちの根本の願いとして、どのような人の中にも鉱脈のように流れているはずだ。そして、いつもそういう眼で私たちを見てくださっているのが親鸞聖人の眼である。親鸞聖人は、すべての人びととともに浄土に生きる人になるということを、〝信心をたまわる〟というのだと教えておられる。

結局、私たちはどこに身を置いても自分を飾らず、偽らず、自分らしく生きていきたいものである。そうでなければ、いちばん信頼されるべき自分が自分自身を裏切っていくことになり、人間でない生き方を人間の顔をしてただ生きていくだけになってしまいかねない。

自分自身を本当に愛し、自分自身を本当に信じて生きていける世界があるということ、私はそのことを親鸞聖人の教えに触れる中で教えられてきた。これからも私は生徒とのかかわりの中で、このことを確かめていきたいと思っている。

（高山　耕）

２０００年発行『今日のことば』第44集より

10

生きんかな
本当に生きんかな
ただ念仏して

竹部勝之進（たけべかつのしん）

『詩集　まるはだか』（法藏館）より

「ご相談したいことがあるんですが……」

初七日(しょなのか)*のおまいりにみえたAさんはいう。まだ年若い夫を亡くし、悲しみのさなか、青白い横顔には疲労の色が濃い。小さな袋から箱を取り出し、目の前に並べる。拙(つたな)い字で何か書かれた紙片、印刷されたお経の文字、そして、七、八センチの小さな金色の観音像。

「死にそうになった時、人にいわれて、みてもらったんです。先祖のたたりがあるって……。でも、これ、きかなかったんです。でも、拝(おが)み続けないと、今度は子供が病気になるって……。でも、私、もう拝みたくないんです。だから、これをどうしたらいいかわからなくて……」

幼い子供が書きなぐったような紙片には、ミョーガ数個、レモンの輪切り、ドクダミ一本、ニンニク一かけ……と、小さな観音像にでもそなえるのであろう供物（くもつ）の数々が記してある。お経は般若心経（はんにゃしんぎょう）。観音像が入っていた小箱の底には、心霊写真のごときものもみえる。

「私、もう拝みたくないんです。でも、これ捨てるわけにもいかないし……」

奇跡を願い、瀕死（ひんし）の夫の回復を必死で祈ったであろう金色の観音像は、右手に経典を持ち、少し厳しい顔つきをしている。手に取るとひんやりとつめたく、少し重い。

愛する者が病（やまい）の床にあるとき、よいといわれるものをすべて試し、それでもだめなときは、神仏に祈るしかない。わらにもすがる思いで神仏の自称代弁者という人たちの言葉を聞く。先祖のたたり、そういわれてしまえば返す言葉はない。我々はせいぜい父母、いや、祖父母の命日を憶えているか、いないかぐらいのものである。何代も前の先祖には水子(みずこ)があって、その霊が云々(うんぬん)……と、見てきたようなことをいわれると、納得せざるをえない。すがる思いでつかんだわらが先祖のたたりであったとは、あまりに悲しすぎるではないか。拝みかたが足りないから亡くなってしまったのだ、今度は子供にたたる、もっと拝め……。祈りは恐怖に変質し、果てしのない束縛(そくばく)がつづいてゆく。

生きている者の恐怖と束縛は、死せる人をもまきこんでゆく。先祖のたたりで亡くなったのだから成仏できまい、成仏できなければ、今度はまた、子孫にたたると……。愛する人の死が悲しみから恐怖へとかわり、たたらないでくださいと懇願(こんがん)する。子の幸せを願わぬ親がどこにあろうか、子孫の幸せを願わぬ先祖がどこにあろうか。どんな非業(ひごう)の死でも、その死は、その一生をささげ、残された者たちへの願いとなっているにちがいない。果てしない束縛をたち切れ、恐怖におののくな、死は、たたりなどつけいることのできないほど厳粛（げんしゅく）な現実なのだと。

大粒の涙がすべりおちるAさんの横顔をみていると、言葉を失う。小さな金色の観音像を握りしめて、Aさんの後姿を見送る。どうか気づいてください。恐怖と束縛におちいってしまう人間の弱さに、そしてその弱さをかかえながらも生きてゆける人間の強さに、どうか気づいてください。声にならないつぶやきがAさんのあとを追っていった。

（松見　由美子）

１９９５年発行『今日のことば』第39集より

＊初七日…亡くなられてから四十九日までの七日ごとのお勤めを中陰（ちゅういん）といい、亡くなられた日を一日目として七日目を初七日という。

11

本当の私に遇えた
よろこびの叫びが
南無阿弥陀仏

米澤 英雄

『信とは何か』(柏樹社)より

親しかった彼女が、自（みずか）らいのちを断ってしまった。

「好きな人がいるんだけど、私のこと全然気にかけてくれなくなったの」

「そんなの忘れろ、忘れろ、いい人はまた現れるよ。時間が解決してくれるさ」

これが最後の会話だった。失恋の痛手の中で、彼女は何を思い何を考えていたのか。私は彼女の気持もよく考えずに、会話を遮（さえぎ）るように、失恋なんてたいしたことはないんだと、諭（さと）しているにすぎなかった。

そして次の日、学校の図書館で彼女をみかけた。後ろ姿を眺めながら、声をかけようとした。彼女はうつむきかげんに早足で出口の方へ向かい、扉を開いて、午後の日差しがさんさんと降り注（そそ）ぐ光の中へ吸い込まれていくように、私の視界から遠ざかっていった。

その日から三日後の夜に、友人から電話があった。

「M子が死んだ。飛び降り自殺してしまったんだ……」

茫然自失とはこういうことをいうのだろう。しばらく何が何だかわからなくなっていた。ふっと我に帰ったとき、彼女が死んだという重い事実の中で、彼女との最後の会話を思い出していた。

「なぜあのとき、もっと気のきいた言葉を彼女に言えなかったのか。もしかすると、思い詰めた心を救えたかもしれないじゃないか。なぜ救えなかったのか。なんて僕は駄目な人間なんだろう。彼女を死に追いやったのは自分じゃないか」

そのときは気づかなかった。私は彼女の死を悲しむというより、救えなかった自分を悲しんでいたように思う。そしてそのことに思い当たるまで、随分と時間がかかってしまった。

真宗の教えにあまり関心のなかった私が、その日を境に学校（宗門の大学）の授業に出るようになった。今から思えば私にとって教えを学ぶことは、彼女を救えなかった私から、人を救えるような、気のきいた言葉を語れるような、そんな私になりたい一心だったように思う。そんなとき「懺悔」という言葉に出遇った。あたかもその言葉は、私のうしろめたさを癒してくれるような響きがあった。念仏の世界をいただいて懺悔できる人間になる。それが私の真宗の教えを学ぶすべてであった。しかし、理想の私になるための学びは、現実の私をかぎりなく苦しめていった。

安田理深（やすだりじん）師の『信仰についての問と答』（文明堂）の中に、その言葉はあった。

親鸞聖人は懺悔が出来んといっておられる。……懺悔が出来ないという。それが南無阿弥陀仏です。

静かな驚きだった。懺悔ができる自分になるのではなく、できない私であることに気づかされていく。懺悔ができる私になろうとして、苦しんでいたという事実。長らく思い違いをしていたのだ。私の学びは真宗の教えとは反対方向だった。学んだこともすべて、私が気のきいた言葉を語るための、人を救えるための、そして懺悔できる人間になるためのものだった。そう思った瞬間、頬に熱いものが流れていた。彼女の死さえも、自分の理想のために利用していただけだった、という事実に愕然とするばかりであった。

これが南無阿弥陀仏か。これが自分自身だったのか。叫びともつかない頷きがそこにあった。

（海　法龍）

1995年発行『今日のことば』第39集より

12

捨てうる限り捨てよう
捨てられぬものが
自分に余りにも多い

宮地義亮（みやじぎりょう）

遺稿集『孤竹抄』（真敬寺）より

かつて故松原祐善先生（一九〇六～一九九一）が、大谷大学での授業の中で「仏法とは、捨てることだ」と仰せられ、次のような話をされたことが思い起こされる。

それは太平洋戦争も末期のころ、南方の戦地で、生き残りの少人数の日本兵がジャングルの中を敗走に敗走を重ねていた。とある河の畔で夜営することとなり、夕食の準備のため一人の兵士が両手に飯盒を持って米を研ぎに河の中に入っていった。ところが急な河の深みに足を取られ、両手に飯盒を握ったままその兵士は流れに流され始めたのである。それを見ていた岸の兵士たちは「飯盒を離せ!!　飯盒を捨てよ!!」と口々に叫んだが、本人は「これを離したら今夜の食物は無い」と飯盒をしっかり摑んだまま必死で踠いているだけである。ついに彼は力尽きてそれを握ったまま溺(おぼ)れ死んだというのである。

この話に、戦争の悲惨と共に、人間の悲しさを知らされた思いがした。私たちとてこの兵士と変わりはないのではないか。これを離したら食ってゆけない。あれを失ったら生きて行けないと、じつにさまざまなものを堅く握りしめている。その握っているものによって、我が身を雁(がん)字搦(じがら)みに縛りつけ、ついには死地に追いやっているのではなかろうか。捨てれば浮かぶものを、摑んで沈む人間の愚かさである。

お金や物、権力や能力、地位や名誉、経験や知識、健康や愛情、見栄(みえ)や世間体……そして信仰やいただいた信心までも、私たちは余りにも多くのものを後生大事に握りしめている。持ち物が多いほど重荷であり、人生の旅は疲れるはずである。これらの荷物はいずれも、死んでゆく前には置いて行かねばならぬものばかりである。それどころか、持ち物に執着していれば、死ぬにも死にきれないことであろう。

いったい何が大事なことであり、何がどうでもよいことなのか。早くそのことを選択せしめる智慧をいただいて、どうでもよいガラクタは捨てて、身軽になってゆかねばならぬ。そのことによって本当に大事なことにのみ生命を燃焼してゆけるのであろう。

そのためには、急いで本当に大事な、尊いことに出遇わねばならぬ。親鸞聖人は二十九歳のとき、「雑行を棄てて本願に帰す」と生き方の大転換をされたのである。法然上人*の教えに遇って、今まで人間的理知や努力を頼みとし大事に握っていたものが、もはや「雑」（ガラクタ）でしかなかったと知らされるような異質の価値界に我が身を見い出されたのである。それは、「我れ」に先立ってすでに我が身を生かし支えていた世界「本願」に出遇ったことである。そこに見えた私は、この身を「我れ」と執し、「わが身を頼み、我が心を頼み、我が計（はから）いを頼み」、さらにあらゆるものを「我がもの」と取り込み握り込んで生きている姿であった。この「わが身を頼む」根源的執心こそ「自力（じりき）の心」と嫌われ、捨てねばならぬものである。

本願を信じ念仏申すことにおいて、念々に捨てるべきものを捨てる練習をさせていただいているのであり、本当に生きることが願われているが、この自分にはあまりにも捨てられぬものが多いことを、いよいよ知らされることである。

（藤井　善隆）

1991年発行『今日のことば』第35集より

＊法然上人…日本で平安時代から鎌倉時代にかけ活躍した浄土宗の開祖。親鸞聖人の師であり、七高僧(しちこうそう)の一人として讃えられている。

13

人間は一生を通して
誰になるものでもない
自分になるのだ

仲野（なかの） 良俊（りょうしゅん）

『日めくり法語　一語一週』より

昔、中国で家を移るとき、家財道具は忘れずに持って出たのに、肝心の妻を置き忘れていった男がありました。なんとそそっかしいことかと、そのことを孔子(こうし)さまに告げた人がありました。すると孔子さまは、

「妻を忘れるぐらいならまだよい。世の中には、自分を忘れているものが大勢いる」

と、いわれました。

なぜ自分を忘れるのか。忙しいということが生きがいになって、見たら見たことに、聞いたら聞いたことに引きずり回され、ああなればこうなればと、心ばかり飛び回っているからです。

しょせん人間は自分以外のものにはなれないのに、なれるように思ってやっきになっている、その思いを自力(じりき)というのです。

私たちの周囲の生物でも草花でも、思いなんかで生きていません。みな自分を生きています。カニはカニ。エビはエビ。トマトはトマト。ナスビはナスビです。カニがエビになることはできないし、トマトがナスビになることはできないのです。またなったら大変です。自分を一ぱいに生きています。

ところが人間だけが、自分以外のものになろうとし、運動競技でも自分一ぱいの力を出したらよいのに、薬物まで使用して選手権を手にしようとします。勝ったら勝ったでよいし、負けたら負けたでよいのです。

「まど・みちお」さん（一九〇九～二〇一四）の詩。

はるが　きて

めが　さめて
くまさん　ぼんやり　かんがえた
さいているのは　たんぽぽだが
ええと　ぼくは　だれだっけ
だれだっけ

はるが　きて
めが　さめて
くまさん　ぼんやり　かわに　きた
みずに　うつった　いいかお　みて
そうだ　ぼくは　くまだった

　よかったな

この詩人はキリスト教を信じていますが、詩そのものは親鸞聖人のおこころを詩って、巧みです。

　つい自分を忘れていた熊さんは、水に写ったいい顔みて、自分を取り戻しました。ほんとによかったですね。しかしそのために熊さんは、川に足を運んで、水に自分の顔を写しています。人間は教法に足を運ぶことをつい忘れるから、自分を自分以上に買い被り、ああなれば、こうなればと思い込みます。

　反対に自分を自分以下に見て卑下し、自信喪失をして自分を投げ出してしまうのです。

「汝はこれ凡夫なり」(『仏説観無量寿経』真宗聖典95頁)と如来はこの私をいい当ててくださいます。外のものになろうとしていた私の思い違いを知らして、生涯をとおして凡夫になる、それが本当に自分になることなのだと、教えてくださいます。

外のものになろうとする生き方を繰り返していたら、それこそむなしく過ぎてしまいます。あぶないことでした。

(松井 惠光)

1989年発行『今日のことば』第33集より

14

一寸(いっすん)さきは闇(やみ)という
よくみれば　その闇は
私の中にある

榎本(えのもと)　栄一(えいいち)

『念仏のうた　光明土』（樹心社）より

『大無量寿経』（『仏説無量寿経』）という経典は、釈尊の出家について、

老・病・死を見て世の非常を悟る。国の財位を棄てて山に入りて道を学したまう。（真宗聖典3頁）

ということばをもって語っています。

思いますに、私たちにとって自分のこととして見ることのできないもの、そして、自分のこととして受け容れることのできないもの、それが老・病・死だということであります。だから、私たちは、老・病・死というものが、私たちの生きることをおびやかすものだと考え、そのために、またさまざまな神々を必要とするということにもなっているので

す。

しかし、よく考えてみますと、老・病・死そのものが私たちの生きることをおびやかそうとして、おびやかすということはないことです。おびえるのは、実に、老・病・死を自分のこととして見、そして、自分のこととして受け容れることのできない私たちの「私」というものです。私たちが、疑うことなくそれを信頼して生きている「私」というものは、どこまでも自分の思いに適うものは、それを受け容れることができても、自分の思いに適わないものは、それを受け容れることはできません。そういうことで、私たちの「私」というものは、はじめから自らのうちに闇をもつものであります。そして、自らのうちに闇をもっているということが、実は、私たちのおびえの正体であります。

だから、私たちに、老・病・死を自分のこととして見ることができ、そして、自分のこととして受け容れることのできる新しい「私」というものが生まれなければ、私たちが生きることのおびえから根本的に解放されるということはありません。

では、このような新しい「私」というものは、私たちに、どのようなものとして生まれてくるのでしょうか。

それは、親鸞聖人がお手紙で、

> なによりも、こぞことし、老少男女（なんにょ）おおくのひとびとのしにあいて候うらんことこそ、あわれにそうらえ。ただし、生死無常（しょうじむじょう）のことわり、くわしく如来のときおかせおわしましてそうろううえは、おど

ろきおぼしめすべからずそうろう。

（『末燈鈔』真宗聖典603頁）

と教えてくださっているように、私たちの生が、もともと老・病・死する生であることを教えられる仏の教えに、ただそのままうなずき、教えに順（したが）って生きることを決意する、仏弟子（ぶつでし）として生まれてくるのであります。

（中川　皓三郎）

1988年発行『今日のことば』第32集より

15

花びらは散っても　花は散らない
形は滅(ほろ)びても　人は死なぬ

金子(かねこ)　大榮(だいえい)

『意訳歎異抄』（全人社）より

雪国の冬は、ドカッと大雪が来るたび、また大きな行事があるたびに、背丈よりも高い雪を割って、道幅を広げる仕事に追われます。

二月下旬、そんな作業の最中に、雪山の中からポッと雪柳が現れてびっくりしました。びっくりの理由は、すっぽり雪の下に埋もれていたのに、細い枝にはいっぱい芽がついて、しかもほんのりふくらみかけていたからです。

そういえば、この近くに小さな椿もあったと雪を掘ってゆくと、冬囲いの縄のまま折れそうになっていたりして、雪の中から何本かが現れてきました。起こしてやろうと手を添えると、葉の間につぼみがいっぱいです。長い冬を、木々はみな、雪の冷たさと重さに耐えて、けなげに春を待っているのでした。

春が来るから花が咲く、と思っていましたが、一つの花がらんまんと咲くまでに、どんなに長い準備が要るかなど考えたこともなく、今、雪の下の木から教えられています。よく準備し、よく耐えたものだけが、春光の下で大きく開花するのでしょう。新芽も同様で、前年の秋、葉が枯れ落ちてゆくその時から、次の芽は用意されて雪の下で年を越すのです。

私たちはふつう、花の命は短くて、と思っていますが、花を、咲いている時だけのもの、花の形をしている時だけのもの、と見ているのは、花の本当の「いのち」を見ていないのですね。金子大榮先生（一八八一〜一九七六）が、

花びらは散っても　花は散らない

とおっしゃるのは、花を花たらしめている「いのち」を見よ、との意味だと思います。一つの花が咲くまでにつぼみという長い準備期間があるように、花びらが散って花の形がなくなっても、花の「いのち」は実となり種となって、尽きることはない。その「いのち」の深さを見よ、ということでありましょう。そういうことの見える眼が、人のいのちの深さを見きわめる眼につながると、先生は教えてくださっているのだと思います。

花のいろはうつりにけりな（小野小町）

はかなき花紅葉につけても（源氏・桐壺）

などと、平安時代から「花」は、はかないもの、移ろいやすいものの代名詞であり、同じ感覚で、仏教の諸行無常も、移ろうもの、はかなきもの、と把えられてきました。

しかし、金子先生がおっしゃるように「花のいのち」の根源を見極める目を持てば、「花びらは散っても花（のいのち）は散らない（連続無窮）」であり、人の形は滅びても、いのちは「永遠」であることが見えてきます。仏教は決して「はかなき無常」を語るものではなく、「無常迅速、生死事大」と警告しつつ、それゆえの「いのち」の重さ、大切さ、そして「いのち」の「無窮性」に目覚めさせようとうながす教えなのでした。

年々歳々花相似たり
歳々年々人同じからず

は事実ですが、これを詠嘆(えいたん)にとどめるか、一歩踏み込むかは、永遠のいのちを見る目のある無しにかかっているようですね。

（佐賀枝　弘子）

１９８６年発行『今日のことば』第30集より

16

悪人をにくむ善人は
実力なき善人なり

清澤満之(きよざわまんし)

「実力あるものの態度」(『清沢満之全集』第六巻〈岩波書店〉)より

人間が生きていく上に、いくつかの価値観の基準をもっている。その一つは、善悪という基準である。その基準で善いこと、悪いこと、善い人、悪い人を決めている。

善悪の基準は、倫理や道徳、思想の上で大きな問題点であろう。いろいろな基準はあるであろう。

しかし、私たちは別にその難解な論理を知らなくても、善悪を決めている。それは大人といわず小人もやはりそうである。

それはどうしてかといえば、自分の善と思うことを善とし、自分の悪と思うことを悪としているからである。

善と思う、悪と思う心の底には、自分にとって都合が良い悪いがひそんでいる。その良し悪しで善人、悪人は決められる。

都合は各自の事情によって違う。だから、あの人は善人だといっても、他の人は悪人だということもある。

悪人といわれる本人はけっこう自分は善人だと思っている。

このことから、私たちは各自の都合で善悪を決め、勝手に善人悪人を作り出していることは明確である。作り出すだけならまだしも、それに固執し、いらない争いまで起こすのである。

さて、そういう自分は一体どう思っているのか。おそらく人の前では善人だといわないが、心の中では善人だと思っている。

その証拠に、あなたは悪人ですね、と念をおすと腹をたてるのである。

仏教において、善とは「二世（現在・未来）にわたりて自他を順益するもの」と説かれている。

行った時も、その結果も、自分にも、人にもよかったという行いだけが善だというのである。

現実に自分のやってることは、自分にとっては都合がよいが、他人には迷惑をかけたり、現在はよくても、未来はどうなるか解らないというのが常だ。

したがって自分の行いを誇ってみようもない。

親鸞聖人は、念仏のみぞ、末とおりたる真実であり、自らは「外に賢善精進の相を現ずることを得ざれ、内に虚仮を懐けばなり（外に賢くて善き人が精進しているような相を現してはいけない。内に虚仮を懐いているからだ）」といわれた。

清沢満之（一八六三～一九〇三）は「自己は全く罪悪の塊団である」といわれ、他人のことを、「自ら非難すべき資格あるものにあらずを知る」、といっておられる。

その自覚に立ってのみ、謙虚に善悪を超えて、人生のまことを確実に十分に感じとっていける。

その人こそ本当の実力ある善人であり、悪人をも暖く包んでいける人である。

（石川　正生）

1968年発行『今日のことば』第12集より

17

智慧(ちえ)の光によりてこそ
愚かな闇の破らるる

昭和50年版『法語カレンダー』より

親鸞聖人は『和讃』に

無明の闇を破するゆえ　智慧光仏となづけたり　（真宗聖典479頁）

と仰せられています。

無明とは、明の反対。ですからくらやみであります。また愚痴ともいいます。

よく、ぐちをこぼす、とか、ぐちっぽいとか言いますが、言ってみてもしようのないことを、ああだ、こうだと言ってなげくこと、または、なげきっぽい人のことをいいます。これは、ものの道理がわからないことから出て来るもので、大体、そういうときは、その人は、額に八の字をよせて、陰気な顔をしているものです。心のくらさが、顔におのずからあらわれるわけです。

そのぐちをこぼすときだけ、くらくなったわけではないのでしょう。本来的に、まことの道理、真理にくらいので、ちょっとのことでも何か事が起こると、まってましたとばかり、いわゆる「ぐちがこぼれる」のでしょう。つまりもともとが愚痴なのです。

明るいような顔をしていましても、真理にくらいものであることさえも知らないので、つまりくらさの二重三重無数重になって、いわば底なしのくらやみであるのを知らず、それで「明るいような顔」だけをしているのでないでしょうか。

「ばか」って、人をののしるのによく使いますが、これは馬鹿、莫迦、莫訶、慕何などと書かれまして、梵語の「モーハ」から来たものだと言われています。決して馬を鹿と言われてそうかと言ったことからきたものではありません。「モーハ」とは、「事理(じり)に暗いこと」「暗愚(あんぐ)」を意味します。漢文のお経では一般に「愚痴」と訳されます。無明と同じことです。

わたしたちのはてしない苦悩の原点、永劫の流転(るてん)のその母胎は、実にまことの道理にくらいこと、「無明」である、と、菩提樹下で釈尊(しゃくそん)は見とおされました。

このくらさは、「あんまりよく知らない」といった程度のくらさでは絶対ありません。全(まった)くのまっくらやみなので、それも、はじめもないくらやみなので、最初っからのくらやみなので、くらやみがどういうものであるかということもぜんぜんわからないくらやみなのです。

「一寸さきはやみ」とよく言われます。すべては無常であって、つねなるものはなく、いつどのようなことが起こるか分らないということで使われていることばですが、そんなら九分九厘九毛のこちらは明るいのでしょうか。「一寸さきはやみ」なのではありません。このわたしそのものが分っていない、やみそのものなのです。やみそのものであるということばを使いましたが、そのことばを使っているわたし自身、やみそのものであるということすらも分っていないのです。

わたしは、生まれてからこのかたまだ一度もわたしの顔をみたことがありません。鏡にうつった顔なら知っていますが、あの顔は第一、右と左と反対になっています。どうせなら、上と下とも反対になってうつっていれば、まだこの鏡の顔はほんとうのわたしの顔でないと、いくらかでも気がつくでしょうが、どういうわけか、上下は反対にうつってはみえず、右と左とだけが反対にうつっています。それをみて自分の顔だと思っています。

その左右反対の自分の顔も、すべてよそいきの顔であり、人にみせるための顔であり、つまり、つくり顔、うその顔でしょう。

ほんとうのわたしの顔というのは、欲をおこし、腹を立て、人をにくみ、世をうらみ、何ものかをのろっているときのわたしでしょう。

そのようなわたしの顔は、わたし自身みたことがありません。

写真なら真を写すとありますから、ほんとうのわたしの顔をみせてくれるのでしょうか。

しかし、いくらかでもわたしの、それに近い顔の写真をわたされますと、たちどころにわたしは腹を立て、うつした人をののしり、その写真を破(やぶ)るでしょう。

そしていくらかでも善人そうな、賢(かしこ)そうな写真だけをアルバムに貼ったり、人にあげたりしているのです。

自分自身の顔さえみたことのないわたしです。ましてわたしは、わたしの心の中をのぞこうと思いもしません。まして自分の心の中を如実(にょじつ)にみたことは、それこそ生まれてこの方、いちどもありません。それで、自分を賢いもの、善(よ)いものだとしてしまっているのです。

「一寸さきはやみ」どころではありませんでした。わたしは、それ自体、やみそのものです。やみそのものということさえも、知らない出離(しゅつり)

の縁なき「やみ」なのです。
まさしく「無明の闇」です。
そのことを、知らしめて下さるのが、大慈大悲の仏の智慧光であります。

一切諸仏の仏になりたもうことは、この阿弥陀の智慧にて、なりたもうなり*

（菊地　祐恭）

1974年発行『今日のことば』第18集より

*冒頭の和讃の「智慧光仏」の左に親鸞聖人が注（左訓という）を付されたもの。

18

水に道あり
いのちに流れあり

昭和49年版『法語カレンダー』より

Y先生が先般、いつもの情熱一ぱいの口調で説法獅子吼(せっぽうししく)された。「あなた方のそのいのちは、そのからだは体重計ではかれば六五キロ、七〇キロとでるだろうけれど、あなた方の目方(めかた)は果してそれだけだろうか……なぜかといいますと、我々は毎日なにげなくごはんを食べています。けれども、人間が一日に米を四〇〇グラム食べるとすると一ヶ月でその三十倍の一二キロ、一年で一四四キロ、それであなたが二十才ならその二十倍の二八八〇キロ、約三〇〇〇キロの米を食べているのです。その三〇〇〇キロの米には、米の祖先があります。ずっとずっと昔の、大昔以来の米の祖先があって、その米の祖先のどこ一つ欠けても今食べている一粒の米はないわけです。同じように我々は野菜も食べる、肉も食べる。野菜にいたっては何百貫、魚にいたっては何万匹、牛にいたっては何頭かを食べてきた、その食べてきた証拠がここにいるのです。その米の祖先、野菜の祖先、魚の祖先があって、その祖先のどこが一つ欠けても我々が今食べている野菜も大根も何もないということを考えますと、我々が生きているということは宇宙のたちはじまり以来の、宇宙の全部と密接な関係があるということです」

　こういう言葉に接すると、仏典の中に「一切の群生海、無始よりこのかた乃至今日今時にいたるまで……」といわれてある世界が一ぺんに身近なものとして実感されてくる。

　現在のこの一瞬の中に永遠をつらぬくものがある。いや現在の一瞬がそのままに永遠である、この一瞬の外に永遠というようなものは別にないのである。こういう風にいわれると、我々は何か非常に神秘的な特殊の世界へ誘いこまれるような気がする。そして、それが宗教の世界というものかもしれないが、ふつうの人間（凡夫）はとてもそれではわからないというようなことにもなる。

有限と無限との関係ということになると、最もふつうに考えられていることは、我々は有限相対のちっぽけなものであるから、そのちっぽけな世界を何とかしてぬけ出して、無限絶対の大きな世界へ出なければならない。その離れて出た世界が宗教の世界であろうと……。

こういうとらえ方は、どこがまちがっているかというと、自分をその中に投げ入れていなくて、有限というものと無限なるものとを客観的なものとして解説、解釈しているところにある。だから、そういうことだとわかっても、わかったことそれ自体からは、有限の目覚めも無限のよろこびもうまれてはこない。ある意味では立派に宗教を理解しているようだが、仏教ではそういう理解や解釈の論議を戯論（戯れの談論）としてしりぞけられているのである。

親鸞聖人がこれに関して示された態度と言葉は、〝我々からは無限の世界は断絶している。ほとけの世界は不可思議であって、思議しようとする限り的はずれになってしまう。まずそのことを領受せよ〟と。それが有限の目覚めである。それではこの存在は、全く無限とは関係がないのかというと決してそうではない。この有限存在を深く推し求めるところの現前の有限それ自体の中に、それに即して無限なる流れがこめられてあることを感取することができるのである。

ひとすくいの水にそこまで来た限りなき源泉があるように、そしてまた一瞬の絶え間もない歩みがその背景として感じとられるように、我々の現前一瞬の生の営みにもまさしく無限の大生命の流れを領解することができるだろう。それが念々に感取されつづければよい。あらゆる存在の、それ自体の一つ一つにこの事実は宿っているのである。水の流れ、それは法の象徴であり、道（実践）と理（原理）の象徴でもある。有限のくらやみに閉じこめられて苦しむ我々を自からに無限生命の世界にみちびくもの、それは阿弥陀如来の本願以外にはないと教えられている。なぜなら我々はこの有限の中に、時に無限を観賞することはあっても、不断に念々にこれを感取し続けることは絶対にないからである。

　絶対にないということ、そして永遠にないということ、そのことのほかに無限絶対の現実的把握はない。この事実、この心を推求して真実信心の在り場所を親鸞聖人は身をもって示されたのである。無限はそれを求める彼方にあるのではなくて、それを求めること自体の中にあるものといえてくるのではないだろうか。

（一樂 典次）

１９７３年発行『今日のことば』第17集より

19

まことの道は
明日ではおそすぎる

昭和48年版『法語カレンダー』より

北国の農夫の話である。雪も解け、春が訪れてきた。鍬を持って野に出てみると、大地はもう息吹いている。小川のほとりに、永い冬眠から覚めた蛙がごそっと動いた。「ああ春だなあ」と見やると、するすると近づくものがある。思わず鍬で「しっ！」と追った。蛇だった。蛙は一瞬、川へ跳び込んだ。蛇は逃げた。「ああよかった。蛙を助けることができた」思うと同時に、逃げた蛇のことが気になってきた。蛇は、いま冬眠を破って、穴から出てきたのに違いない。思わぬ餌物を目の前にして、〝しめた〟と踊りかかろうとしたのであろう。それを、おれは邪魔した。

蛙を助けることはできたが、蛇にとっては、まことに罪なことをしてしまった。一方に善ければ、一方に悪い。人間のなす業とは、こんなものか。空を仰(あお)いで、思わず「南無阿弥陀仏」と、お念仏が口をついて出た。

常に、このような割り切れぬ矛盾(むじゅん)が私たちの日常生活にある。気を配っていても、人間そのものが罪な存在であると知らされてくる。若者に味方をすれば、老人に背(そむ)く。老人の肩を持つと、若者に背かねばならない。産業開発に力を入れると、大衆のために公害をまく。自然環境を重んずると、国の経済が成り立たない。そんなことを考えては生きられないのかもしれない。

自分が生きるためには、相手の意向をいちいち構っていられない。他の犠牲(ぎせい)は必要悪としてやむを得ない。入学試験にパスするためには、友情など気にしてはいられない。自分が合格しなければならないのだ。三十代、四十代は、事業一筋の世代である。家庭など犠牲にしなければ栄進できない。他人にかかわってはいられない。目的に向って最短距離を直進する。そんな、ど根性でなければ人生にも社会にも落伍する。現代は、そのような生き方が強く求められる。あくなき人間業の時代でもある。

アメリカに、眼玉を売る男が現れた。両眼はいらない。一眼で結構。そこで広告をすると、申し込みが殺到した。いかに眼に不自由している人が多いことか。角膜移植で失明から助かるのである。他人を助けることにもなる。男は百万ドルの代価を獲た。この男の希望は、運転手付のデラックス車を買うことであったという。

アメリカらしいと、笑ってはいられない。いまや日本では、眼玉どころか、身体(からだ)そのものを売る。頭脳を売る。いや、金のためなら、名利(みょうり)のためなら、ガメつく魂までも売るのである。まじめに、精力的に働き、会社を経営し、政治をとり、学問、芸術にたずさわる人間の真底(しんそこ)に、自(みずか)らも気付かぬうちに、〈人間そのものを売る〉という大きな犠牲がひそんではいないだろうか。他人を犠牲にした心の痛みは、多少なりとも感受できる。しかし、自己自身を失った痛みは、もしかすると永遠に知ることなく、この世を去るかもしれない。仏法は、このような人間の生き方を罪業深重(ざいごうじんじゅう)と、鋭く深く目覚めさせる。

寺の玄関に、よく『脚下照顧(きゃっかしょうこ)』と書いてある。脚もとを照らし顧(かえり)みることである。ある禅僧が師のもとをたずね、草履(ぞうり)を整え、ちりも払って師の前に出た時、師は一喝（いっかつ）した。「貴様は、五尺の身体の範囲しか見ておらぬ」。僧は何のことか解（わか）らなかった。師は「貴様は、せいぜい脚の裏までしか見ぬ。脚下とはもっと下だ。お前の生まれぬ、もっと下を見よ」と言った。僧は、大いに悟（さと）った。

私たちは、五尺の有限の世間に固執（こしゅう）して、損だ、得だ、足る足らんと騒いでいる。人間の矛盾にも気がつかず、それでよいものとして、いよいよ自己を誇示（こじ）して、力（りき）みかえっている。その自己が破（やぶ）れてみると、矛盾のままに広大な世界が開けてくるのである。

（藤原　俊）

1972年発行『今日のことば』第16集より

20

仏の御名(みな)をきくひとは
ながく不退(ふたい)にかなうなり

親鸞

「浄土和讃」（真宗聖典481頁）より

「親の意見（小言）と冷酒は後で効く」ということわざがある。確かに私も、父の小言はただただ煩わしいだけのものとしか受けとめていなかった。父は、私がどこかに出かけようとするといつも「どこに行くのか？」としつこく聞いてきた。私は当時そのことがたまらなく嫌で仕方がなかった。

時がたち、現在、私も父親の立場になった。長女が今年から中学生となり、自転車通学をするようになった。今まで自転車で公道を走ったことがない長女が、突然学校までの道のりを自転車で通学するようになったものだから、親としてはやはり心配である。帰宅時間になると、いつ帰ってくるだろうかとそわそわしながら窓から外を覗いたり、時にはわざわざ帰宅時間に合わせて犬の散歩に出かけたりすることもある。そういう親の気持ちになってみて、あらためて気づかされた。

当時、ただ煩わしいとしか感じられなかった、父の「どこに行くのか」という言葉には「どうか無事で帰ってきてくれよ」という深い願いが託されていたのだと。その願いに気づいてみれば、何ともありがたい父の言葉であったのだと今更ながら思うのである。

言葉に込められた願いを聞きとった時、その言葉は生きた教えとして私の上に響いてくる。そして、その言葉や願いを通じて教えを示してくださった存在を「諸仏」と親鸞聖人は仰がれたのである。仏という存在も、教えということも、はじめからどこかにあるものではない。偉い方の仰せだから教えになるというわけではない。言葉に願いを聞きとった時、はじめてその言葉が自分をつき動かす教えとなり、そしてその教えを示してくださった存在が、私を目覚め立たせる仏なる存在となるのだ。

この和讃の中で

仏の御名をきくひとは

とあるが、「きく」とは、願いを聞きとるという意味であろう。

生前中は、居てくれるのが当たり前という思いがあったからであろうか。あらためて父の存在に思いを寄せるということはあまりなかった。

しかし父亡き今、ことあるごとに「親父ならこんな時どうしていたのだろう」と、父について思いを馳せている。思えば、生前中は毎日顔をつきあわせていても、本当の意味で父と出会えてはいなかったのだろう。むしろ父を失った今、より確かな存在として父と出会えているのかもしれない。そして今、父が私に託してくれていた願いを、この身に感じながら生きている。

人は、時に逃げ出したくなる弱さを抱えながらも、そういう願いに背中を押され、歩みを進めることができるのだ。願いに目覚め立って、決してそっぽを向かず、逃げ出すことなく、願いに生きる者となる。これが「不退（ふたい）にかなう」ということであろう。

私にかけられていた「諸仏」の願い。その願いに押し出され、支えられ、ようやく私のような者でも、覚束（おぼつか）ない歩みながら、退（しりぞ）くことなく歩ませていただいている。

（中島　善亮）

２０１６年発行『今日のことば』第60集より

21

功徳（くどく）の宝海（ほうかい）みちみちて
煩悩（ぼんのう）の濁水（じょくしい）へだてなし

親鸞

「高僧和讃」（真宗聖典490頁）より

住職が入院しました。とは言っても、注射が怖くて病院嫌い。「あれがある、これがある…」と仕事を理由に病院行きを拒否して何年にもなります。最近は、自分でも気になっている様子があったので、娘に誘い出してもらって、やっと病院へ行きました。十時には行ったのに、終わったのは夕方五時すぎ。四日後の連休明けに「とりあえずの処置としての手術」と宣告されて入院生活が始まりました。

少しでも、気が紛れるようにと思い、何冊かの本を持って行きましたが、手術が心配で読んでも頭に入らないと言います。ある時「夜、一人になると、ここから飛び降りて死んでしまいたい。そんな気にもなる…」と住職が言いました。注射が怖い、という人が「手術」と聞かされたのですから、その不安と怖さは、私に推し量れる域ではない、と思いつつも、思わず「死ぬつもりなら、入院しなければ良いでしょ」と笑ってしまいました。「三十〜四十分で終わる手術は、大勢の人が皆やってきていることじゃないの」。そう言い放った私の言葉に「そうだな、そう言えばAさんも、Bさんも、そんなことを言っていたな」と住職。私は「あなたが執刀する訳じゃないんでしょ。やってもらうんだから、おまかせするしかないじゃない」と言うのですが、住職は「それはわかっている。だけど一人になると、どうも、次から次へと妄想が浮かんでくる。なかなか悟れない…。お釈迦様だって、お悟りの前には妄想で苦しまれた。いろんな悪魔が出てきて惑わすんだ」と。こんなところに、お悟りの話が出てきたので、びっくりして笑いましたが、妙に納得してしまいました。こうした生活の中で、冒頭の和讃を読みました。

この句の前には、

本願力(ほんがんりき)にあいぬれば　むなしくすぐるひとぞなき

とあります。「自分の思いではなく、真実（本当のこと）に立つことにおいて、安心で豊かな道（人生）がひらかれる」と、親鸞聖人(しんらんしょうにん)が教えてくださっていると感じます。

ところでこの数日間を思い返してみると、自分の気持ちを表現している住職に対して、私は理屈で、その気持ちを封じ込めようとしていました。もう、いい加減に覚悟を決めて現実と向き合ったらどうなの、それが楽になる道だと、そんな気持ちでした。ところが、ふと思ったのです。あの時の私は、「ダメなあなた、そして、わかっている私」という感覚になっていたのだ…と。そして、それは、ダメな方は悪で、わかっている方は善という評価です。言い換えれば、住職は悪人、私は善人ということです。『歎異抄』の「善人なおもて往生をとぐ、いわんや悪人をや」（真宗聖典627頁）の言葉が私にぶつかってきました。相手の煩悩ばかりに気をとられて、自分を問題にすることなど、全く思いもよらないことでした。またさまざまな煩悩に翻弄されている住職を助けてあげようと思っていた私は、阿弥陀如来に成り変わるつもりだったのだと思い、一人で大笑いしてしまいました。

なかなか本願に出遇えない。そんな私を、深く悲しみ、どこまでも願いをかけ続けてくださる如来のはたらき。私が気づいていても、気づかなくても、その中に包み込まれていたのだと思えた時、「恩徳讃（おんどくさん）」の歌が心の中に響きわたりました。

如来大悲（にょらいだいひ）の恩徳（おんどく）は　身を粉（こ）にしても報ずべし
師主知識（ししゅちしき）の恩徳（おんどく）も　ほねをくだきても謝すべし

（靏見　美智子）

２０１６年発行『今日のことば』第60集より

22

一生悪を造るとも
弘誓に値いて救わるる

『和訳正信偈』より

この法語は、「正信偈」において、「一生造悪値弘誓　至安養界証妙果（一生悪を造れども、弘誓に値いぬれば、安養界に至りて妙果を証せしむと、いえり）」（真宗聖典206頁）という二句を現代語訳したもので、親鸞聖人が道綽禅師*の説かれた教えについて書かれた部分です。今回は、ここに掲げられている『和訳正信偈』の文章が私たちにどのような問いかけをしているかについて考えてみたいと思います。

私たちは、常に結果を想定して行動しています。何かを得るために、何かをもたらすためにと、自分たちの行動を意味づけたり、動機づけたりしています。ある意味、行動の結果を想定して計画的に活動するというこの能力は、人間の物質文明および科学技術、そしてそれによってもたらされる現代人の豊かな生活の基礎をなしています。しかし、私たちがそのような発想の仕方を宗教の世界に持ち込もうとしますと、どなたでも救われるという宗教の大切なメッセージが見失われます。

私たちの常識では、何か善いことをしなければ、救いという善い結果を得ることができないと考えます。しかし、この法語は、そのような発想を覆そうとしています。どこかで私たちは、仏法を聞いて善いことをするようになってから救われる、という発想に基づいて聴聞したり、お聖教を読んだりしますが、この法語は、自分たちのこのような姿勢を厳しく問いかけています。

また、この法語は、私たちの如何なる行動も救済の因とならないということを示しているとともに、唯一の因となるものは、如来の本願であると明示しています。人間の行動を一切、救済の条件にしないということで、救済はどんな人間にも成り立つという弘誓の慈悲が示される一方で、宗教的なものに人間の取引根性を持ち込んで救済されようともがく私たちの心理が否定されています。一面では、自分のように大勢の者を傷つけて生きている人間にとって、これはとてもありがたいメッセージですが、反面、私たちの通常の考え方とかけ離れているため、なかなか頷くことができない教えです。これは浄土真宗が「易行」と同時に「難信」とされる理由です。

暁烏敏師（一八七七～一九五四）は次のようにおっしゃっています。

私共の助かるのは助かるやうになつて助かるのでなく、助からぬことがわかつたところにお助けがあるのであります。

（『暁烏敏全集』第一八巻〈涼風学舎〉）

私たちはいつも自分で助かる条件を整えようとして、種々に行動しますが、この法語はその発想を否定して、救いをより根源的なところに見いだすよう、呼びかけています。それは救いが私たちの行い（おこない）によって成り立つものではなくて、「本願」、つまり私たちのあらゆる行動の根底をなす根源的意欲で成り立つという呼びかけです。道綽禅師と親鸞聖人は私たちに自分たちの限界を知らせると同時に、その限界を知った時に開かれる本願の世界へと誘っています。それは自分たちの常識的価値観より広く根源的な願いに生きることへの誘いです。そこにこそ、本当に充実した生活が開かれるのです。

（マイケル・コンウェイ）

２０１５年発行『今日のことば』第59集より

＊道綽禅師…中国・北斉から唐の時代にかけ活躍した浄土教の祖師。親鸞聖人が讃える七高僧（しちこうそう）の一人。

23

ただ如来に
まかせまいらせ
おわしますべく候う

親鸞

『末燈鈔』(真宗聖典605頁)より

「よっしゃ、おれにまかせとけ！」

今年六歳になる次男の口癖（くちぐせ）である。仲間とサッカーをするときや、二歳になる弟の世話を頼んだときに出てくる。

しかし、任されたといっても、それで事がうまく運ぶとは限らない。サッカーではボールを蹴りそこなったり、弟には嫌がられては逃げられたりしている。でも、彼はめげない。今日も「おれにまかせとけ」が聞こえてくる。任されるのが好きなのである。

子どもたちの成長を見ていると、多くのことを教えられる。たとえば人間という生き物は、生まれてすぐは「任せる」ことでしか生きられないということ。その他に道はない。自分で食事を摂（と）ることもオムツを替えることも、寝る場所やお気に入りの服を選ぶこともできない。そもそもお気に入りも何もない。与えられたいのちをただ受け取り、全てを周囲に委ねて時を重ねる。そして生きよう生きようと息をする。

それが一年、二年と経つと、子どもは他人に任すことを嫌いだす。できることやわかることが増えるにつれ、今までされるがままだったことを自分でしたくなるのだ。食べるのも飲むのも手を洗っては拭くのも靴を履くのも。オムツの柄にまで不満を言い自分で選ぼうとする。大人に任せてはおけないのだ。知恵がつき能力が高まることを「成長」と呼ぶならば、私たちは成長するにつれ、この「ただ任せることで生が始まった」という事実を忘れてしまうようだ。

任されたいという欲求は「できる私・わかっている私」を想定することで生まれる。しかし、現実の私は、任されたはいいがうまくいかずに失敗してしまう「できない私・わかっていない私」である。そしてそんな私を受け入れられずに苦しむ。ついには、本来同じ時の流れである、今まで「成長」と呼んできた過程を、「老化」と呼び変えて、また、不平を言い嘆(なげ)き苦しむ。「昔は何でもできたのに」と。

任せることで開かれたこの人生は、最後もやはり任せて閉じていくしかないのだろう。しかし、その生の過程において、人間は任されるのが好きなのである。もちろん手に負えないことは、できることなら任されたくはない。しかし、できそうなことならば任されたいのである。認められたいのである。

だが、厄介なことに、任せる方に回ると、完全に任せ切ることは難しいようだ。「あなたに任せた」と言いながらも、やり方が自分の思いと違えば口を出したくなる。そして「任せてはおけない」と我を張ってしまうことがよくある。

そんな私たちに清沢満之先生は言う。

汽車に乗りたる時は、凡ての荷物を汽車に投じて、自己は安心して一身を汽車に托すべきなり。若し汽車に乗り乍ら、猶背上の荷物を卸さずして、その重担に苦しむものは、是れ汽車の仕事を盗んで自ら苦しむものなり。

（『清沢満之全集』第九巻418頁）

〈汽車に乗ったときは、荷物を全て汽車の中におろすべきである。汽車に乗りながら、なおも自分の荷物を持って苦しむのは、汽車の仕事を盗んで自ら苦しむものである〉

（筆者意訳）

人間が成長するということは、任されることが増えていくことかもしれない。しかし、人間が真に成就するということは、任せることでしか成り立たない。「安んじる」ということは、学力や知識や能力や経験ではどうしようもないことだから。なのに、自ら安んじる道を求め、知力を尽くして思議（しぎ）しては疲れきっている。そんな私に清沢満之先生は言うのだ。「荷物をおろせ。それはあなたの仕事ではない。安心して、自分のやるべきことをやりなさい」と。

（乾　文雄）

2011年発行『今日のことば』第55集より

24

弥陀の誓願は無明長夜の
おおきなるともしびなり

親鸞

『尊号真像銘文』（真宗聖典530頁）より

よっちゃんが亡くなってはや十年が過ぎた。生きていれば九十歳くらいだろうか。

そこにいるだけでその場がパッと明るくなり人の輪ができる、よっちゃんはそんな女性だった。だから彼女がお参りに来た日の本堂は、それはにぎやかで笑い声が絶えず、まるで大輪の花が咲き誇ったようであった。

「お寺は親の家（うち）やけん遠慮せんでええ」と皆をリラックスさせ、畑のこと、家族のこと、仏法のことと豊富な話題を提供し、いつもその中心にいた。幼い頃から祖父に連れられて聴聞（ちょうもん）の場に座らされていたという彼女の語る仏法は、巧（たく）みな話術で人々を惹（ひ）きつけた。

その中でも忘れられないのが自力（じりき）と他力（たりき）の話である。

「自力はサルの親子のこと。他力はネコの親子のこと。サルの子は親の背中にしっかりとしがみついて運ばれるから自力。ネコの子は親に首をくわえられてされるがまま。おまかせで運ばれるから他力なんや」。私を含めてその場に居合わせた人たちは「へぇーうまいこと言うなぁ」と痛く感心したものである。

時を経て私はこの話が、世界的な仏教学者である鈴木大拙師（一八七〇～一九六六）が自力と他力を語るときの寓話であったことを知った。この話に感銘を受けた僧侶が説教に取り入れ、それを聞いた幼いよっちゃんが覚えていたのか、それとも祖父から聞かされたのだろうか。いずれにしても、こうして、よっちゃんは他力を領解していたのだ。鈴木師の講義録にはこのように書かれている。

「自力とは神学で言うシナージズム（神人協働説）。救済の仕事において人間が神と同じく自分の量を分担しなければならないという説。一方、他力とはモナージズム（聖霊単働説）。浄土往生においては一切がアミダの働きであって、自己の力が加わらない他力の独り働きという説。シナージズムとモナージズムのちがいはこうです。サルの親子は…」（鈴木大拙『真宗入門』〈春秋社〉60～62頁・筆者意訳）と先のサルとネコの話がでてくるのである。

また師はアミダを親様とも呼ばれている。「お寺は親の家や」という表現もそういう意味だったのだ。

よっちゃんの家の生業（なりわい）は塩田であった。朝から晩まで浜に出て海水を汲（く）み上げたり掻（か）き混ぜたりする肉体労働である。その過酷な労働を支えていたもの、それは信心ではなかったか。手垢にまみれた五帖の御文がそれを物語る。朝晩必ずお内仏に座り「お礼」をしたという祖父。その横にはいつもよっちゃんが一緒だった。

仏法は毛穴から染み入ると聞いたことがあるが、幼いよっちゃんも仏法の薫習＊を受け、本願に出遇っていたのに違いない。

弥陀の誓願は無明　長夜のおおきなるともしびなり。

あらゆるいのちあるものを、選ばず、きらわず、見捨てず救うと誓われた阿弥陀の本願は、まるで明けることのない長い夜のような迷いの人生を生きる者にとって、暗闇でひとすじの明かりに出遇ったように、心強く大きな力となってくださるのだ。

（藤井　恭子）

２０１１年発行『今日のことば』第55集より

＊薫習…香気が衣服などに付着し残るように、経験した事柄が心身に結果を残すこと。

25

他力(たりき)というは
如来の本願(ほんがん)力(りき)なり

親鸞

『教行信証』「行巻」(真宗聖典193頁)より

「二十五回忌まで待てない」。ご主人の二十三回忌を勤めたいと、お寺を訪ねて来られた九十二歳のおばあちゃん。

法事を依頼して数日後、手術に挑んだ。経過は良好だったが退院は適わず、みんなで法事を勤めてほしいということだった。

約束の日、ご自宅に伺うと家族があらたまって「先ほど病院から急逝の知らせがあった」という。動揺のなか家族は約束の法事を勤めた。

法事の場を設えて各地から子や孫を、病院ではなく自宅のご本尊の前に呼び寄せて逝かれたおばあちゃん。臨終に立ち会えなかった家族の無念さよりも、二十五回忌では間に合わないと、子や孫をご本尊に手を合わせる場に導かれた最期と、それに応えた家族の決断を尊く感じた。

数時間後、ご自宅に戻ったおばあちゃんとご本尊の前で子や孫、曾孫があらためて正信偈を勤めた。おばあちゃんがご本尊としてきた如来さまが、家族のご本尊になったような気がした。今生での親のお仕事をひとつ終えられ、仏さまとしてのお仕事に就かれていたおばあちゃんの表情は、安堵に満ちた穏やかな表情だった。

二日後の葬儀は、ご主人の二十三回目の祥月命日だった。子どもたちにとって父親の年忌の日に母親が急逝したことや、その命日に葬儀を勤めたことは不思議な偶然かもしれないが、おばあちゃんが大切にしてこられた日に、大切にしてこられたご本尊に手を合わせるはたらきは「他力」以外のなにものでもない。

子や孫は、自分の力で手を合わせる人間に育つのではない。おばあちゃんにはたらいたのと同じ「他力」によってである。だとしたら他でもない私も同じだと思った。仮にも僧侶という立場によって阿弥陀如来の姿に手を合わせ、ナムアミダブツと発音することもまた、自分で選んだ職だからではなく、如来の本願力によってのことだ。

「他力」は、だれのどんな「力」なのかという問いに宗祖は「他力というは如来の本願力なり」と明確にしてくださっている。それは「他力」の誤用を見越してのことにも思える。

阿弥陀如来の本願力を「他力」といい、その「他力をたのむ」という。

「他力に頼む」ところに誤用がある。都合のいいご利益を要求してアテにし、アテがはずれて疑う。

「たのむ」は「憑む」だと教えられる。それは依頼ではない。「まかせる」ことだ。信じていなければまかせることなどできない。

「頼む」は「疑」を、「憑む」は「信」を孕(はら)んでいる。

自分の足で立っていると思っている私が、立っていられるように支えているすべてのはたらき。自分の意志で手を合わせたと思っている私の、手が合わさるように設えているはたらき。「憑む」というのは、そういう「支え」や「設え」をまかせることだとすれば、それは「疑いようがない」ということだ。

「他力」とは「疑いようがないこと」をいうのだと思う。

心中はとにかく、手が合わさった事実、ナムアミダブツと発音した事実は、疑いようのない他力の真実である。

おばあちゃんのあの表情は、自力をはなれ、疑いようのない他力の真実にすべてをおまかせした姿だった。

（米澤　典之）

２０１０年発行『今日のことば』第54集より

26

凡夫（ぼんぶ）
煩悩（ぼんのう）の泥（でい）のうちにありて
仏の正覚（しょうがく）の華（はな）を生ず

親　鸞

『入出二門偈頌文』（真宗聖典465頁）より

アレン・ネルソンさんが二〇〇九年三月二十五日、六十一年の生涯を閉じられました。

ベトナム戦争に赴（おもむ）き、多くの人を殺したというその手はふっくらと柔らかく、あたたかだったことをいまも思い出します。自分の犯した罪に苦しみ続けたネルソンさんの悲しみの深さをその優しい手が表しているように感じました。

日本が憲法九条を改憲しようとしていることを心配して、ネルソンさんはたびたび来日してご自分が体験した戦争を私たちに語ってくださっていました。

戦後に生まれて戦争を知らない私にとってネルソンさんの話は、とても衝撃的なものでした。その中でも特に忘れられないエピソードがあります。それは、すべての話が終わって質問をうけてのものでした。その問いは、「戦場においてレイプのようなことは起こりましたか」というような内容でした。それに対してネルソンさんの答えは、次のようなものでした。

「例えば一つの村を全滅させます。そして、村中の死体を山積みにします。その中から、まだぬくもりのある女性の死体を選んで森の中までひきずっていく。そのようにしてレイプする兵士もいました」

私の背中は凍りつくようでした。

男の身をかかえ、女の身をかかえ、人間であるところに横たわる深淵。

ネルソンさんがベトナム戦争で見てきたものは、私の想像をはるかに超えて冷酷で、残虐なものでした。

戦争によって炙り出された人間の底知れぬ恐ろしさを体験し、ベトナムから帰った後も、ネルソンさんは自暴自棄の生活を送られることになります。しかし、自分も同じくその人間であることに、ごまかさずに真向かいになられた時、再び生きることをはじめていかれます。そして、それからの歩みは、すべての人々に戦争のない人生を送ってほしいという願いに貫かれたものでした。

しかし、それは並々ならぬことなのでした。

「凡夫　煩悩の泥のうちにありて　仏の正覚の華を生ず」は、淤泥華を説明して「高原の陸地に蓮を生ぜず、卑湿淤泥に蓮華を生ず」に続く言葉です。

蓮の華は、根と茎は沼の中にありながらも、泥に染まることなく水面に咲く花です。真っすぐに空を見つめながら、凛と咲く清々しさに憧れを感じます。自分の煩悩を煩悩とも知らず、世間の評価に振り回されて生きている私とは遠く離れた存在のようです。

アレン・ネルソンさんも晩年、真宗門徒になられました。法名釈阿蓮。ネルソンさんの遺言により、信仰の問題で深く信頼をおいていた佐野明弘さんのもとで納骨され、亡き後も私たちに呼びかけ続けてくださっています。

煩悩の泥は時として人間に試練を与え、悲しみと共に我が身の泥に気づかされることがあります。

アレン・ネルソンさんも耐え切れぬ苦しみの中で、限りなく深い慈しみの心に触れ、大きな大きな涙をこぼした後に、一輪の華を咲かせた方でありました。

（三池 眞弓）

2009年発行『今日のことば』第53集より

27

弥陀（みだ）の願力（がんりき）は生死大海（しょうじだいかい）の
おおきなるふね　いかだなり

親鸞

『尊号真像銘文』（真宗聖典530頁）

私の長男がまだ赤ちゃんだった頃から、実家の母はよく言いました。

「いい子にしなさい、なんて変なコト、この子に言わんといてよ。これ以上何も望まんで結構。もう十分いい子なんだでね。親が望むいい子なんて、ただ『都合のいい子』だでね」

誰に言われた訳でもないのに、お寺に生まれた子は、よそより厳しく正しく育てないとと私は細かく細かく育児日記をつけ、まるで監視するかのような子育てをしていました。子どもの表情を見て楽しむより、育児書と成長記録を見比べて一喜一憂するような母親でした。

そんな私のやり方は、母には受け容れ難いものでした。母に言わせれば、どの子も生まれた時には、もう「いい子」でした。

「いい子にしててね」

と子どもに軽い気持ちで言おうものなら、

「これ以上どういい子になるの」

と、母は嫌な顔をします。

「何も言わんでも、この子は、ちゃあんとわかっとる」

と母は子どもを抱きしめるのです。

私が昔、母に聞かされ、私の子どもも歌ってもらった歌があります。

赤ちゃんは　王様だ
笑ってたら　王様だ
怒ってたって　王様だ
泣いてたって　王様だ

赤ちゃんは　王様だ

三年後に双子が生まれた時も、母は同じことを言い、同じ歌を歌っていました。子どもの機嫌をとって甘やかして育てなさい、ということではありません。どんな時も、あなたが最高の存在なんだよ、と伝えて育てていきなさい、ということです。

「孫は、そんなにかわいいんかねえ」

と私が言った時、母からこんな言葉が返ってきました。

「ちがうて。私は、アンタがかわいいで、この子んたちも、よその子んたちも、みんなかわいく思えるんだて」

こんな出来の悪い私でも否定されない場所があるのです。私が自分の子どもだけで音を上げている時に、一人を慈しみ、二人を慈しみそのまわりの人をも慈しむ、そんな母の思いに守られて、私はいま、ここにいるのです。

弥陀の願力は　生死大海の　おおきなるふね　いかだなり

法然上人の六七日法要の時、親鸞聖人の兄弟子にあたる聖覚法印が、「我が師の徳は、まるで生死大海に現れた船や筏のようだ」と讃えた表白文の一節があります。聖人は、師の徳は阿弥陀仏の徳に等しい、と了解し、「弥陀の願力は」と付け加えられました。阿弥陀仏の本願は、暗く不安な思いに浮き沈みする私をすくいとって渡らせてくださる船なのです。

私が悩んで苦しんでいなければ、母はおそらく何も言わず、私は母の思いに気づかないままだったかもしれません。阿弥陀仏の本願に気づく時、悩んで苦しんでいるあなただからこそ見守ってあげたいんだ、という声が聞こえてくるのでしょう。

（高橋　和）

２００９年発行『今日のことば』第53集より

28

阿弥陀仏は光明なり
光明は智慧のかたちなり

親鸞

『唯信鈔文意』（真宗聖典554頁）

井田ツルさんは、私たちのお寺の「同朋の会」の設立当初からの会員で、「仏教婦人会」の会長をしていただいたこともあります。いまは九十歳になられ、ご病気で自宅療養されていますが、お元気な頃はお寺での法座はもとより、組や教区*の研修会などへも欠かすことなく足を運ばれていました。そうした、自らの聞法の歩みを『闇も光も』（具足舎）という著書にまとめられています。

井田さんには、辛く悲しい体験があり、そのことが仏法へのご縁となりました。ご長男が交通事故で、しかもひき逃げという悲惨なかたちで亡くなられたのでした。札幌の事故現場に残されていた、たった一つの小さな自動車部品を手がかりに、修理工場をしらみ潰しにたずね、目撃者を捜し、やっとのことで犯人が特定されました。

頼りにしていた長男を亡くした悲しみ、犯人への憎しみの感情。そして自分の心に訪れるどうしようもない虚しさ。真っ暗な「闇」の中へ突き落とされるような経験をされたのでした。当時の井田さんのことを、前住職（父）は「毎日悲嘆にくれ、夢遊病者のようだった」と言っていました。そして、著書の中で、「私の聞法はそこから始まったんですよ。だから地獄―ほんとうの地獄から始まった」と。その時の井田さんの思いは、次のようなエピソードで語られています。

お父さん（ご主人）と喧嘩した時に、「お寺参りばっかり一生懸命したって、死んだ者が帰って来るか」ってそう言われた時、私、思ってもみない事言ってしまったの。

「そんな、死んだ死んだって言わないで！（中略）あの子を死んだって片付けないで――。死んだって片付けたら犬死になる。違う。あの子は私達にね、何かを教えようとしていると思うの。だから、何を教えようとしているのか、それをお寺へ聞きに行っているんだから」って。そういうような事言ったの。その事に気付かされたの。

（『闇も光も』）

ご長男は学校を出て就職し、婚約者もいたそうです。井田さんは、そのご長男を頼りにして、将来に大きな期待もかけていた。「しかし、期待とは言っても、私の身勝手な思いであり、都合でしかない。息子が亡くなってから、そのことに気づかされました」と。

私たち人間は、自分で自分の心を見つめるということはできないのではないでしょうか。こうした「闇」というような経験をとおして、自分自身が照らし出されていくのだと思います。井田さんも、「お寺に参り、真実の教えに触れて、少しずつ自分のことを見つめることができるようになった」と語られています。

しかし、亡くなったご長男は決して帰ってくることはない。ひき逃げという犯した罪も決して消えることはない。真っ暗な「闇」は、いまなお存在し続けている。だから、井田さんにおいては「闇から逃れて、光に至った」のでもなく、「闇が晴れて、光が差してきた」のでもない。井田さん自身も、「この〝闇〟(長男の死)があったからこそ、お念仏という〝光〟に出遇(であ)えた。そのお念仏によって、あらゆることを仏縁としていただくという姿勢を賜った。だから家族みんなで話し合って、本のタイトルを『闇も光も』としたのですよ」と明るく語られていました。

（両瀬　渉）

２００９年発行『今日のことば』第53集より

＊教区・組…真宗大谷派では全国にある寺院を地域ごとに「教区」として区分し、それをさらに細分化し「組」とする組織体制をしいている。

29

大悲(だいひ)ものうきことなくて
つねにわが身をてらすなり

親鸞

「高僧和讃」（真宗聖典498頁）

息子が生まれた次の年、名古屋別院で行われた「誕生児初まいり」の席で「子育ては親育てなんですよ」という言葉をいただきました。その時は「ああ、そうなんだ」とうなずいたのですが、いつのまにか忘れ去っていました。そして、〝大人は子どもを育て導くもの〟という思いが先行してしまい、息子を〝いい子〟に育てたい、素敵な子になってほしいというこちらの要求を突きつけていました。

もちろん、息子はすべて従うわけもないのですが、気が向けば「うん、わかった」と返事をしてこちらの思ったように行動してくれます。そんな時は「やっぱり私の息子、育て方がよかった」と思えるのですが、私の思いどおりに動かず全く言うことをきかないと「何回言ったらわかるの！」と腹を立て、息子もまた怒って応酬し「じゃあお母さんはどうなんだ」と喧嘩（けんか）になってしまいます。

本当は大した問題ではなかったものが家族中を巻き込み、大事（おおごと）に発展し険悪な雰囲気となり、家中が真っ暗な闇に閉ざされているように感じられます。そのような時は韋提希夫人（いだいけぶにん）*のように「なぜ私はこんな悪い子を生んだのか」と叫びそうになりました。そんな時にお念仏をしても一向に心は落ち着かずにいたのですが、ふと心に浮かんできたのが、

凡夫（ぼんぶ）というは、無明煩悩（むみょうぼんのう）われらがみにみちみちて、欲（よく）もおおく、いかり、はらだち、そねみ、ねたむこころおおく、ひまなくして臨（りん）終（じゅう）の一念にいたるまでとどまらず、きえず、たえずと

（『一念多念文意』真宗聖典545頁）

という宗祖（しゅうそ）のお言葉でした。それまでも心ひかれるお言葉ではありましたが〝ひとごと〟として聞いていました。

思いどおりにしたいというのは私の欲だった。その欲がすべての〝いかり、はらだち〟というものを生みだしている、まさに無明煩悩は私そのものでした。その私の〝思い〟を正しいものとして息子に押しつけて問答無用の世界をつくりだそうとしていたのです。

私自身が正しいものでない、ということに気づくというのは、とても心細いことでしたが、「子育ては親育て」の言葉が思い出され、親は子をもってはじめて親となり、そこから私が問われてくるということをいただきました。

煩悩にまなこさえられて
摂取の光明みざれども

この度いただいたご和讃の二節はこのお言葉に続いております。自分の思いどおりにしたい、私の都合が一番大切という〝私の思い〟、それが本当のことをみるまなこを妨げていたのですが、それをいいあててくださる教えが唯一、私に〝大悲〟ということを知らせてくださいます。

この世に存在する限り、苦しみや悩みは凡夫の私には離れることはできません。

「安心して苦しみ、安心して悩む」という言葉は、私にとって生きる励みとなります。何度忘れても何度同じことを繰り返しても、お念仏をいただき、常に照らしつづけてくださる大悲のはたらきを感じることで安心して歩みをすすめていくことができるのです。

（犬飼 祐三子）

２００８年発行『今日のことば』第52集より

＊韋提希夫人…『仏説観無量寿経（ぶっせつかんむりょうじゅきょう）』に登場するマガダ国の王妃。息子阿闍世（あじゃせ）王子の反逆により幽閉（ゆうへい）され、釈尊（しゃくそん）に「我、宿何（むかし）の罪ありてか、この悪子を生ずる」と告げる。

30

阿弥陀仏（あみだぶつ）
此（ここ）を去ること
遠からず

『仏説観無量寿経』（真宗聖典94頁）より

日々の授業の中で、学生の一言に思わずはっとさせられることがあります。親鸞聖人(しんらんしょうにん)の生涯を一通り学んで感想を書いてもらった時のこと。一人の学生が、こう感想を書き残していきました。「悩むことはすばらしい」と。

なぜ「悩むことがすばらしい」のでしょうか。私たちは、できることなら生きる上で苦しみ悩みたくはありません。しかし、その学生は親鸞聖人の生涯から「悩むことの意味」を学んで「すばらしい」と表現したのでした。

親鸞聖人の生涯と言えば、それは苦悩に満ちた一生であったと言っても過言ではありません。しかしその苦悩の中で、生きる意味を問い続け、確かなよりどころを得たのが親鸞聖人です。苦悩の現実から眼をそらさずに生きたことによって、親鸞聖人はかけがえのない教えに出遇っていくのです。

「阿弥陀仏、此を去ること遠からず」。これは『仏説観無量寿経』という経典の中で、釈尊がマガダ国の王妃である韋提希に対して語った言葉です。韋提希は、息子である阿闍世王子によって王宮深くに幽閉されてしまいます。そして深い悲しみに沈む中から釈尊に救いを求めます。「憂い悩みのない世界に私は生まれていきたい」と。そんな韋提希に対して釈尊は、一言も語らず、ただ様々な諸仏の世界を見せるだけでした。物質で満たされた世界、一人静かに暮らせる世界、思い通りになる世界、…そこには様々な世界が現れました。しかし韋提希はそれらの世界を選ばず、ただひとつ「阿弥陀仏の世界」を求めます。この求めに対して微笑し、ようやく釈尊が口を開いて出た言葉が、「阿弥陀仏、此を去ること遠からず」でした。

これは一体何を意味しているのでしょうか。

阿弥陀仏とは、別名「無量光仏」「無量寿仏」ともよばれるように、「はかりしれない光」と「はかりしれない命」という意味を持った仏です。韋提希が阿弥陀仏の世界を求めたということは、自分の思いはからいを超えた無限の世界に眼を開かれたということです。それは視点を変えれば、韋提希に、はからって生きてきた自分自身の生き方そのものを問い直す眼差しが、芽生えたことを意味していると言えるでしょう。苦悩の原因を外に求め、自分の姿から目をそらしていた韋提希に、苦悩を生み出してきた自分自身を見つめる眼が生じたのです。釈尊は、その韋提希自身の目覚めを黙して待っていたのでした。そして韋提希自身が、仏の智慧（ちえ）によって、救われるべき自己に目覚めたからこそ、微笑（ほほえ）みをもって「今のあなたと阿弥陀仏は遠くない」と語りかけるのでした。

私たちは生きていく中で、様々な出来事に遭遇（そうぐう）し、悩みが絶えることはありません。しかし、人生に悩むことは、その一方でかけがえのない教えに出遇う契機（けいき）ともなりうるのです。経典に記された韋提希の姿、苦難に満ちた親鸞聖人の生涯は、まさにそのことを教えてくれています。学生が発した一言は、その大切な事実を私に教えてくれるものでした。

（山田　恵文）

2006年発行『今日のことば』第50集より

31

念仏者は
無碍（むげ）の一道なり

『歎異抄』（真宗聖典629頁）より

暑い日に道路のわきに車をとめて修理をしている若者に、「パンクですか」と声をかけたら、「見れば解るだろう。このマヌケ」と罵声がかえってきたという話を聞いた。

むしゃくしゃしている若者の気もちも解らなくはないが、現代人の住んでいる精神の風土に直面した感じでこころが重い。この若者にかぎらず、見るもの触れるもののすべてが癪の種であり、その不満をみさかいなしに投げつけずにおけないというのが、現代に生きる若者に、多少なりとも共通する心情であろうか。

快楽を求める者にとって、苦痛は不要であるにもかかわらず、現実は苦痛が絶えないから我慢ならない。自由を求める者にとって、不自由は許すことができないのに、現実は不自由も許さねばならないから、堪えられないものになる。健康、名誉、成功を求める者にとって、病気、不名誉、失敗の事実がなくならないということはやりきれないだろう。

こうして私たちは四六時中いらだち、いかり、にくしみの感情におしひしがれねばならない。私たちの日常が、こうした多くの碍(さわ)りによって閉塞(へいそく)しているのは、この人生の中から、自分の都合のよいものだけを選びとって生きようとすることに原因がある。それは、ありのままの現実を避けて生きようとする者の受けねばならぬ重荷である。

友人の成功をうらやむ者は多いが、その成功にいたるまでに、彼が失意と不遇の中でいかに多くのものを学びとっていたかに思いいたる者は少ない。失意と不遇は彼にとっては成功以上に価値あるものにちがいない。成功は一時のものかもしれないが、学びとったものは彼の生涯を豊かにするであろうからだ。健康な者には活動のよろこびがあろうが、それはまた病者の心理が理解できないという不幸もあるのではないか。病者は病気の苦痛に堪えねばならないが、まことその苦痛を甘受するところに、健康者の不幸をもいたわる豊かな心境もひらくのではないか。

そして、生きているかぎり、何時どのような不遇がやってくるかもしれないというのが現実であるならば、いっそうこれを甘受して、そこから現実の無限の意味を汲みとっていくことこそ、もっとも現実的な生き方ということができないだろうか。現実を避けて生きようとするところに、その現実は碍りとなるが、現実を受けていくところに、それは無限の意味をひらくであろう。

いらだち、腹立つのが私の現実なら、その私をごまかさずに見つめていこう。うぬぼれむさぼるのが私のいつわらぬ姿なら、そのありのままの私を、しっかりと抱きしめていこう。これが念仏する者の生涯の道である。

念仏する者こそ、自己の碍りの重さを知るがゆえにそれを甘受し、それを甘受するがゆえにいらだち、あせる自分自身も受け入れていけるのである。一切の碍りがたんなる碍りにおわらず、広大無辺の意味をひらくから、無碍（むげ）の一道というのである。

（和田　稠）

1969年発行『今日のことば』第13集より

執筆者紹介（掲載順）

上本賀代子（うえもと・かよこ）
…一九六一年生まれ。大阪府 安樂寺前坊守。

大窪　康充（おおくぼ・こうじゅう）
…一九六五年生まれ。石川県 浄土寺住職。

梶原　敬一（かじわら・けいいち）
…一九五五年生まれ。元姫路医療センター小児科医長。

保々　眞量（ほぼ・しんりょう）
…一九六四年生まれ。熊本県 光行寺住職。

武田　定光（たけだ・さだみつ）
…一九五四年生まれ。東京都　因速寺住職。

藤谷　純子（ふじたに・じゅんこ）
…一九四八年生まれ。大分県　勝福寺坊守。

梅原　慶子（うめはら・きょうこ）
…一九四六年生まれ。石川県　本龍寺衆徒。

蓑輪　秀邦（みのわ・しゅうほう）
…一九三九年生まれ。二〇一九年、逝去。福井県　仰明寺前住職。

髙山　　耕（たかやま・こう）
…一九六三年生まれ。大分県　西光寺住職。

松見由美子（まつみ・ゆみこ）

…一九五一年生まれ。岩手県　證明寺前坊守。

海　法龍（かい・ほうりゅう）

…一九五七年生まれ。神奈川県　長願寺住職。

藤井　善隆（ふじい・よしたか）

…一九四三年生まれ。大阪府　即應寺前住職。

松井　惠光（まつい・えこう）

…一九二四年生まれ。二〇〇〇年、逝去。大阪府　心願寺前住職。

中川皓三郎（なかがわ・こうざぶろう）

…一九四三年生まれ。二〇二〇年、逝去。帯広大谷短期大学前学長。

佐賀枝弘子（さがえ・ひろこ）
…一九三二年生まれ。二〇〇三年、逝去。富山県 榮明寺前坊守。

石川 正生（いしかわ・せいしょう）
…一九三四年生まれ。富山県 玉永寺前住職。

菊地 祐恭（きくち・ゆうきょう）
…一九一六年生まれ。一九九三年、逝去。山形県 德念寺前住職。

一樂 典次（いちらく・てんじ）
…一九二八年生まれ。二〇一七年、逝去。石川県 宗圓寺前住職。

藤原 俊（ふじわら・さとし）
…一九二一年生まれ。一九八六年、逝去。大阪府 法山寺前住職。

中島　善亮（なかじま・よしあき）

…一九七三年生まれ。秋田県　願成寺住職。

鶴見美智子（つるみ・みちこ）

…一九四一年生まれ。神奈川県　西教寺前坊守。

マイケル・コンウェイ

…一九七六年生まれ。大谷大学文学部准教授。

乾　文雄（いぬい・ふみお）

…一九六四年生まれ。滋賀県　正念寺住職。

藤井　恭子（ふじい・きょうこ）

…一九五〇年生まれ。香川県　真行寺坊守。

米澤　典之（よねざわ・のりゆき）
…一九七五年生まれ。三重県　常照寺住職。

三池　眞弓（みいけ・まゆみ）
…一九六一年生まれ。福岡県　明正寺坊守。

高橋　和（たかはし・むつみ）
…一九六五年生まれ。愛知県　願通寺坊守。

両瀬　渉（りょうせ・わたる）
…一九五六年生まれ。北海道　好藏寺住職。

犬飼祐三子（いぬかい・ゆみこ）
…一九六七年生まれ。愛知県　正林寺坊守。

山田　恵文（やまだ・けいぶん）

…一九七〇年生まれ。三重県　安正寺住職。

和田　稠（わだ・しげし）

…一九一六年生まれ。二〇〇六年、逝去。石川県　浄泉寺元住職。

31の味わい　お寺の掲示板

2024（令和６）年２月10日　第１刷発行

発 行 者　木越　渉

編集発行　東本願寺出版（真宗大谷派宗務所出版部）

〒600-8505　京都市下京区烏丸通七条上る

TEL　075-371-9189（販売）
075-371-5099（編集）

FAX　075-371-9211

印刷・製本　中村印刷株式会社

装　　幀　株式会社一八八

ISBN978-4-8341-0684-8　C0115